宗教统治世界

从游猎为生的远古，到拽耙扶犁的古代，一股神秘的力量一直操纵着人类。它为世界带来秩序，也为社会带来意义。它就是宗教。

宗教伦理

神圣的宗教为世界带来了伦理。伦理，指的是在社会当中得到广泛认可的行文准则。伦理能约束人的行为，也能使社会变得可以理解、可以控制。

早期宗教

早期的宗教来自于人对自然的崇拜。原始人无法理解自然现象，只能将难以得到解释的事情归结于一个更高等的存在。

宗教的发展

随着宗教
现了。世界宗教

原始宗教

泛灵论认为万物有灵，一切物品，包括有机物、无机物都有灵魂，并且它们之间，乃至它们与人类都可以进行交流。

作为

任何
宗教
儒学
被称
遍存
十分

你好，小娜

人工助手

　　人类与算法之间的较量最终也需要被归结为算法之间的较量。基于云计算、搜索引擎和"非结构化数据"分析等，一些人工助手可以实现人机交互。

数据主义的殉道者

　　数据主义者呼吁全世界信息共享，信息完全自白。他们利用公共通讯网路，如电话系统和互联网，往往在非正规的情况下登录对方系统，掌握操控权。

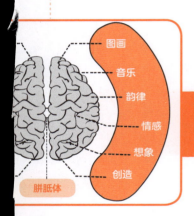

图画
音乐
韵律
情感
想象
创造

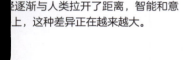

胼胝体

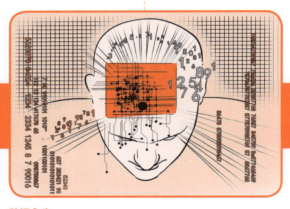

数据永生

　　算法将揭开新时代的序幕。碳基生物的思考过程依靠的其实也是算法，但是硅基电路能够展开更可靠、更可控、更快速的计算，那时碳基算法将失去优势。

…逐渐与人类拉开了距离，智能和意…上，这种差异正在越来越大。

机器人进化史

　　对于发展自动化以及人工智能，人们喜忧参半。机器人、人工智能等终有一天会赶上人类的步伐，甚至超越人类。

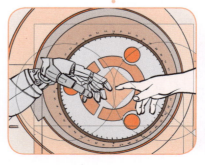

未来在何方

　　自由与意识是否还会继续有意义？人工智能会发展到怎样？智能与意识到底哪个才更界近事物本质？我们真的会过度依赖智能，一无是处，就此退出历史舞台吗……

数据主义接管世界

21世纪中后期，随着技术的不断改进，人工智能以及自动化背后的机器算法逐渐获得更广泛的应用，生物物质越来越多地被无机物组成的智能设计产品所替代。

海豚的自我意识

黑猩猩以及其他被广泛研究的猿类都显示出了一定的自我意识，在让纽约水族馆的海豚照镜子时，海豚能够识别出镜子中的像正是自己。

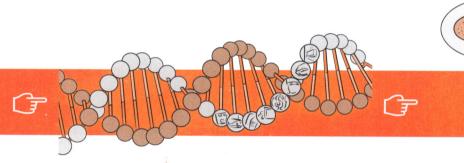

生物与算法

现代生物科学将人的行为看作是体内生物算法的作用表现，输入数据，算法预算后得出结果，而生物在受到刺激后作出适当反应。

人类并无特殊之

人类和动物
小？在许多方面

神经冲动传递

借由复杂的神经系统以及内分泌系统，人类才能够响应外界的环境变化，产生适当的身体反应，并且进行思考以及记忆等活动。

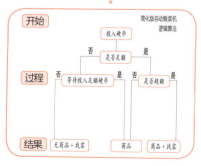

简化版自动贩卖机
逻辑算法

开始

投入硬币

否　是否足额　是

过程

否　等待投入足额硬币　否　是否超额　是

结果

无商品+找零　商品　商品+找零

贩卖机运算逻辑

将硬币投入自
售卖机最终得到自己
要的商品这个过程中
投入硬币，售卖机据
受指令按照先前设定
的程序吐出商品，以
及找零的硬币。

宗教秩序

有了伦理，有了规则，也就有了秩序。换言之，宗教也给社会带来了秩序。有秩序的世界才能正常运转。

世界的宗教意义

神明创造了世界，还给予了世界一个明确的目的或者一个明确的结局，那么世界存续的意义当然也就寄托在了宗教身上。

的演变，包容性更强的世界宗教出
的出现代表着宗教的成熟。

宗教受到怀疑

假如神圣的宗教作出错误的判断，被人指正出来了呢？那时，宗教的神圣性就会受到怀疑。由宗教赋予了意义的世界，也将失去它的存在意义。

思想的宗教

在古代，不论在
社会当中都会有
的身影。甚至连
，在国外也时常
为儒教。宗教普
在，它的影响也
广泛。

神圣的宗教

宗教是神圣的。不论这种神圣感来源于人们对于大自然的畏惧还是崇拜，它必定会让宗教成为一种不容怀疑的、至高无上的真理。

A
BRIEF HISTORY
OF
TOMORROW

A BRIEF HISTORY OF
TOMORROW

超图解
未来简史

王宇琨　董志道 / 编著

天津出版传媒集团

天津人民出版社

图书在版编目（CIP）数据

超图解未来简史 / 王宇琨，董志道编著 . -- 天津：
天津人民出版社，2018.4
　ISBN 978-7-201-12957-0

　Ⅰ.①超… Ⅱ.①王…②董… Ⅲ.①社会发展史 –
图解 Ⅳ.① K02-64

中国版本图书馆 CIP 数据核字 (2018) 第 042918 号

超 图 解 未 来 简 史

CHAO TU JIE WEI LAI JIAN SHI

出　　版　天津人民出版社
出 版 人　黄　沛
地　　址　天津市和平区西康路 35 号康岳大厦
邮政编码　300051
邮购电话　（022）23332469
网　　址　http://www.tjrmcbs.com
电子信箱　tjrmcbs@126.com

监　　制　黄　利　万　夏
责任编辑　玮丽斯
特约编辑　张耀强　李　栋
装帧设计　紫图图书 ZITO®

制版印刷　北京天宇万达印刷有限公司
经　　销　新华书店
开　　本　787 毫米 × 1092 毫米　1/16
印　　张　19.5
字　　数　130 千字
版次印次　2018 年 4 月第 1 版　2018 年 4 月第 1 次印刷
定　　价　69.90 元

一场徘徊在推论与可能性之间的冒险

明日的世界会是怎样的？面对这样一个问题，恐怕没有人能给出确切的答案。

例如，我们知道每隔四年将会举办一届奥运会，但我们并不知道下次奥运会各个比赛项目的奖牌将会花落谁家。我们可以根据运动员们的表现推测出谁更有可能获取奖牌，不过我们并不能给出非常肯定的回答，甚至下一届奥运会也有非常非常低的概率会被取消。

与古代的预言家不同，如今的我们要预测未来，首先会回避莫名其妙的比喻。我们需要的是更有针对性的、更精确的预见，而不是一个模棱两可、可以随处套用，但却没有任何指导意义的预言。

那么问题来了。古人能满足于模糊的预言，但如今的我们却越来越难相信预言，甚至觉得那样的预言有些可笑，这又是为什么呢？答案非常简单。

人类最底层最共通的思想，在这几百年迎来了天翻地覆的变化。

　　古时的人类认为世界是神的世界。我们可以认为，除去一些细节上的区别，即使有着不同的精神支柱，大多数古代人类依然认为世界是由神创造的。神是实际存在并且至高无上的，神的代言人或者代言组织应当享有社会权威。因此，人们认为神制定了规则，规定了秩序，即使是不成文的道德伦理也能拥有强大的约束力。在神明的引导下，人类就像一个巨大舞台上的主角，表演着剧本里的情节，走向一个确定的结局。

　　过去，人类由于自身的蒙昧，不得不将解释世界的权利委托给神。随着科学革命的开展，看似牢靠的秩序开始缓慢解体。尽管这种古老的思想是一个可以自圆其说的体系，但是如果它推导得出的结论最终被证明是错误的，它自身是否可靠就变得十分可疑了。例如，既然神创造了这个世界，那么地球肯定是世界的中心，其他天体也都是为了地球而存在的。当这样一种认识被证伪的时候，当然会大大打击这种世界观给普通大众带来的吸引力。一个以错误事实为内容的思想当然无法继续发挥它的统制力。

于是，世界迎来了新的时代。独立的人类逐渐放弃了旧思想，尝试用新的方法重构秩序与伦理，并给失去旧意义的世界重新赋予意义。这种新的方法就是人文主义。摆脱了神的束缚，人自认为是世界的中心，认为有人存在，事物的存在才有意义。

我们真的能够为世界赋予意义吗？今天，新的媒体与新的社交方式改变了我们的生活。就像科学技术在数百年前衰落了旧思想、繁荣了人文主义一样，在可以预见的将来，科学技术必定会再一次改变我们的理念。人文主义或将被消解在数据的洪流之中，一去不返。

本书通过丰富的内容与生动的插图，分析世界的动态与趋势，目标是探讨未来的可能性。希望各位读者能够在阅读与思考之中，发现属于自己的未来。

编者谨识

本节主标题
本节所要探讨的主题

小标题
明确揭示正文中
每一段文字的思
想内容。

正文
通俗易懂的文
字，让读者轻松
阅读。

04

（一）
智人掌控下的世界

第一章 前所未有的变局

流行病的终结
现代生物科技的发展

传染病正在淡出人类的视野，很可能不再是一种可怕的威胁。

流行病危害的减退

现今人类的交通比以往更为便捷，人口也更为庞大和密集，但这并没有导致不可挽回的、灾难性的传染病。这一切不仅得益于行政效率的提高，更是因为医疗技术的突飞猛进。尽管偶尔依然会传来一些新型流行病出现的消息，但是在高效运转的医疗基础设施面前，流行病不堪一击，不再像历史上那样，每次肆虐都将带走以人口百分比计数的生命。

新的流行病：埃博拉

埃博拉病毒首次发现于 1976 年。2013 年底，西非出现了一次最大规模的流行。这种疾病的死亡率平均高达 50%，由于贫困和落后的医疗卫生条件，疾病很快传播开来。然而一年之后，通过国际社会的共同努力，疾病还是得到了有效控制，有记录的死亡感染者大约是 11000 人，相当于被感染国家人口的万分之五。这表明人类已经有能力控制新的传染病了。

新的流行病：艾滋病

尽管过去的一个世纪里医疗科技日新月异，但依然有一个尚未攻克的传染病难关。这就是艾滋病。与其他传染病不同的是，艾滋病不会破坏人体的器官，但是它会破坏人体的免疫功能，使人更容易感染其他疾病。不过这种疾病的传染性暂时不算特别强烈，主要通过性行为、血液和母婴传播三种途径进行传播。每年都会有数百万人死于艾滋病的并发症，并且这一数字依然在上升。但是随着医学研究的进展，越来越多的迹象表明艾滋病可以得到治疗，并且这一未来并不遥远。

008

图解标题

针对内文所探讨的重点图解
分析，帮助读者深入领悟。

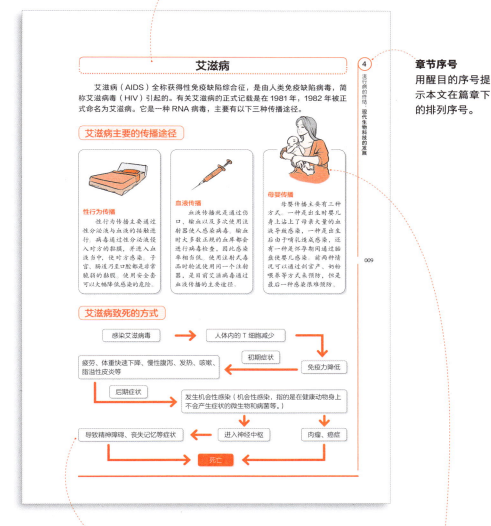

艾滋病

艾滋病（AIDS）全称获得性免疫缺陷综合征，是由人类免疫缺陷病毒，简称艾滋病毒（HIV）引起的。有关艾滋病的正式记载是在1981年，1982年被正式命名为艾滋病。它是一种RNA病毒，主要有以下三种传播途径。

艾滋病主要的传播途径

性行为传播

性行为传播主要通过性分泌液与血液的接触进行，病毒通过性分泌液侵入对方的黏膜，并进入血液当中，使对方感染。子宫、肠道乃至口腔都是非常脆弱的黏膜。使用安全套可以大幅降低感染的危险。

血液传播

血液传播就是通过伤口、输血以及多次使用注射器使人感染病毒。输血时大多数正规的血库都会进行病毒检查，因此感染率相当低。使用注射式毒品时轮流使用同一个注射器，是目前艾滋病毒通过血液传播的主要途径。

母婴传播

母婴传播主要有三种方式。一种是出生时婴儿身上沾上了母亲大量的血液导致感染，一种是出生后由于哺乳造成感染，还有一种是怀孕期间通过胎盘使婴儿感染。前两种情况可以通过剖宫产、奶粉喂养等方式来预防，但是最后一种感染很难预防。

艾滋病致死的方式

| 感染艾滋病毒 | → | 人体内的T细胞减少 |

初期症状

疲劳、体重快速下降、慢性腹泻、发热、咳嗽、脂溢性皮炎等 ← 免疫力降低

后期症状

→ 发生机会性感染（机会性感染，指的是在健康动物身上不会产生症状的微生物和病菌等。）

导致精神障碍、丧失记忆等症状 ← 进入神经中枢　肉瘤、癌症

死亡

章节序号

用醒目的序号提示本文在篇章下的排列序号。

图表

将隐晦、生涩的叙述，以清楚的图表方式呈现。此方式是本书的精华所在。

插图

较难懂的抽象概念运用具象图画表示，让读者可以尽量形象直观地理解原意。

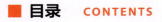 **目录** CONTENTS

阅读导航

第一部分
智人掌控下的世界

▶ 第一章 前所未有的变局

关于未来，知道得越多恐怕越会让你感到恐惧。进入 21 世纪，人类所面对的问题是前所未有的：饥荒、瘟疫与战争，曾经的三大课题似乎已被人类有效解决。曾经实现过许多不可能的人类，生物科技替代自然进化，算法打败人类思维。一个更大的问题摆在眼前：接下来，人类要做什么？

▶ 第二章 人类的新课题

历史从来不会存在真空，当人类战胜了饥荒、瘟疫与战争，又必将面对新的课题。在未来，历史上所有战争和冲突的规模，可能都远不及"争夺青春的永恒"这场争斗更惨烈。人类最重要的课题之一就是不被自身力量所害。摇身一变成为绝对主宰的人类，却面对着一个似乎无解的问题：到底什么是快乐？

▶ 第三章　过去与未来之间

　　人类的文化一直基于全人类的共同经验。然而，人类一旦可以重新打造人类心灵，智人势必从此开始消失。但人类心灵重新打造的不确定性，让如今的人类已经无法预知未来的人类究竟是什么样子。智人的进化是渐进的，但人类对"超人类"的期待，让人类迷恋于对自身特质的改变，而这将会让人类不再是人类。更为惊悚的是，这个过程没有刹车。

▶ 第四章　人类角色的转变

　　人类已经成为过去7万年以来全球生态变化中，唯一最为重要的因素。与非人类动物相比，人类这种动物早已成为地球上的"神"。智人在突破地球上各个生态之间阻碍的同时，也让世界产生了前所未有的改变。人类与其为未来如小行星撞击地球之类的不确定因素而害怕，还不如害怕人类自己，因为人类角色的转变将更具未知性与颠覆性。

▶ 第五章　人类有何特殊之处

　　人类宁可接受 DNA 的突变，也不愿放弃自己的灵魂。进化论相较于相对论更易让人厌恶的很重要一个原因是其触碰了人类"宝贵"的信仰。时至今日如自动驾驶汽车或计算机，早就可以自己运作，但为何都没有发展出意识？蚂蚁和蜜蜂早于人类几百万年就学会了集体合作，为什么它们不能早早统治人类？赋予世界意义的虚构想象背后，到底反映了人类怎样的特殊性？

▶ 第六章　人类社会：想象的共同体

　　如果你读过《超图解人类简史》，那你一定对"虚构"二字不会陌生。人类社会的基础，正是建立在这种全人类都相信的虚构之上，在此基础上，人类组织出一张符合全人类社会运行意义的网：政权、金钱、企业等等都包含在其中。只要人类共同相信，这张看不见的"网"就会一直存在并发挥效力。

第二部分
智人为无意义的世界创造意义

▶ **第七章　虚构的世界**

建立在人类共同相信基础之上的虚构故事被人类掌握之后，就进入了一个"人类认为自己创造了历史"的阶段。文字与货币的出现，让人类得以用算法的方式组织整个社会，并让虚构的力量突破了人脑数据处理的限制。神圣经文的出现，更让文字的力量达到顶峰。进入 21 世纪，科技的加持让虚构的力量更为强大，区分虚构与真实将变得更加困难。

▶ **第八章　在科学与宗教之间**

一直以来，神话都在主宰人类秩序走向，但当被神话放大的故事开始主宰现实时，就会产生"为了虚构主体"而努力却忽视感受生命本质的副作用。宗教与科学始终伴随着争论与相互依存，从而达到创造、维持和不断加强社会秩序的力量。21 世纪，科学的发展却不断在为神话增加力量。科学与人文主义之间的契约，在未来是否会被打破，又会被什么打破呢？

▶ 第九章　现代化意味着什么

科技的巨大进步，带给人类从未有过的富庶物质，并逐渐改变整个社会的供需法则。然而，优渥的物质条件和丰富的精神财富，并没有把人类带入平静、安适的生活，却造成人类不得不继续加速发展的恶性循环。面对这种境况，人类是否只能祈求现代化后，靠人文主义获得救赎？

▶ 第十章　人文主义带来的变革

随着科技的发展，技术的加持，人类快步进入现代社会。科学技术不断扩大人类认知，人类似乎也不用再遵循一直存在于神话中的"神的安排"或所谓的自然发展。那现代社会靠什么力量来维持秩序？人文主义应时而生。它的出现让人类角色实现大逆转。艺术、经济、教育制度、政治都被深深影响甚至彻底改变。问题是，人文主义可以解决现代社会的一切问题吗？

第三部分
智能时代：人类如何胜出

▶ 第十一章　科学已经动摇了自由主义哲学

　　科学发展至今，已给人类社会带来了前所未有的挑战，其中最大的挑战就是其正在破坏人类赖以维系社会秩序的基础——自由意志。科学实验已经表明，人可以被操控，情感可以被创造。人类选择不过是生物预设或随机出现，而绝非出于"自由意志"的力量。几千年来神职人员及政客极力维系并通过"某种牺牲"让人相信的假想实体，正在加速崩溃。

▶ 第十二章　超人类与无用阶级的分离

传统意义上的神和自由意志在 21 世纪将会被无情碾碎，人类传统的三大就业市场（农业、工业、服务业）中，所做工作越有限的越将更快地被人工智能取代。算法取代宗教和意识形态成为绝对主宰。财富、权力乃至生命，都可能集中在掌握超强算法的极少数人手中。更让人沮丧的是，这些所谓的未来其实已经来临。

▶ 第十三章　科技人文主义的悖论

　　7 万年前智人因为其 DNA 的一点点变化，带来了地球上的第一次认知革命，使其成为地球上的统治者。科技发展至今，有能力对人类 DNA 进行主观干预，而这一次有意识的人类自我改造，将会直接引发第二次认知革命，即升值人类的身体和心理，成为更优秀的人类。但风险就是有可能让人类走向歧途，甚至面临更多的问题与挑战。

▶ 第十四章　从以人为中心到以数据为中心

　　与科学人文主义同时存在的另一种新科技存在形式的数据主义者，笃信根据数据可以对不同模式的数据流（流感、金融、音乐等）进行分析。可能这种说法你不相信，但如今最为坚信这类说法的却是计算机科学与生物学，而尤以生物学为甚。也许看到这里你还不以为然，而事实却是未来世界的改变，将更为难以想象。

第一部分

智人掌控下的世界

第一章
前所未有的变局

曾经的三大课题
饥荒、瘟疫与战争

数千年来，粮食、疾病与冲突一直困扰着人类。

饥荒

自农业革命以来，人类的粮食生产从采集走向了种植。尽管种植可以为人类带来稳定的粮食收入，但是随着人口的增加，大规模的天灾人祸随时可能导致饥荒的发生。在农业大国中国，饥荒是家常便饭。据统计，公元前108年到1911年，中国发生了1828次饥荒。清代晚期的饥荒造成了上千万人的死亡。[①]

瘟疫

传染病的历史则更为悠久，它并不是人类诞生以后才出现的新事物。聚集人口的城市、联系城市与村庄的交通，让瘟疫随着人类的脚步，一步步开始扩散。最早被记载的瘟疫发生在伯罗奔尼撒战争期间的雅典城。6世纪、14世纪爆发于欧洲的鼠疫更是让数千万人命丧黄泉。19世纪末，中国云南发生的大规模鼠疫被传入香港，随后扩散到全世界，也导致了千万人的死亡。

战争

国家与政府出现之后，国与国之间往往会由于各方面的矛盾导致冲突。这种冲突的最高表现就是战争。历史上被明确记载的第一场战争发生于公元前1469年的米吉多。它在如今的以色列境内。3000多年前，埃及文明与两河文明曾经在这里冲撞。此后被记录下来的战争不计其数。人类历史上最大的一次灾难——第二次世界大战，似乎还是昨天发生的事情。

---

① 在美国学者彭尼·凯恩的《中国的大饥荒》（中国社会科学出版社，1993年版）中有记载，在我国清代1876-1879年的饥荒死亡人数达950万人。

饥荒、瘟疫与战争

在走向繁荣与富裕的路上，人类最重要的课题是保证自己的生命。自古以来，威胁人类生命的最重要的三大问题，就是粮食、疾病与冲突。控制和把握住这三个问题，人类才有可能寻找新的目标，迈上新的台阶。

饥荒、瘟疫与战争的联系

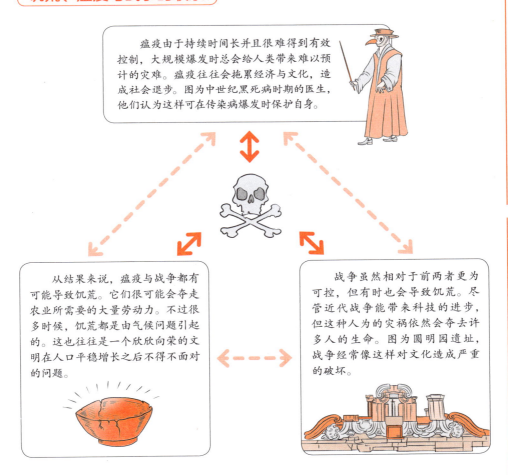

瘟疫由于持续时间长并且很难得到有效控制，大规模爆发时总会给人类带来难以预计的灾难。瘟疫往往会拖累经济与文化，造成社会退步。图为中世纪黑死病时期的医生，他们认为这样可在传染病爆发时保护自身。

从结果来说，瘟疫与战争都有可能导致饥荒。它们很可能会夺走农业所需要的大量劳动力。不过很多时候，饥荒都是由气候问题引起的。这也往往是一个欣欣向荣的文明在人口平稳增长之后不得不面对的问题。

战争虽然相对于前两者更为可控，但有时也会导致饥荒。尽管近代战争能带来科技的进步，但这种人为的灾祸依然会夺去许多人的生命。图为圆明园遗址，战争经常像这样对文化造成严重的破坏。

未来的课题

今天，尽管还有人挣扎在饿死的边缘，尽管还有无法控制的疾病，尽管还有尚未终结的战争，但过去的一百年已经证明了这一切都可以得到控制。现在对于人类来说，正是一个探讨未来课题的时刻。曾经实现过许多不可能的人类，接下来究竟应该专注于什么？

比饥荒更严重
肥胖代替饥饿成为更大威胁

在今天，饥饿已经不再成为一个问题。肥胖影响了更多人的健康。

📶 17 世纪末的饥荒

1694 年，法国爆发了严重的饥荒。当时的法国正处于战争中，人口只有 1000 余万，这场饥荒很快带走了 200 余万条生命，这一数字是非常可怕的。

造成这场饥荒的主要原因，除了战争以外还有气候。当时地球处于小冰期，全球气温下降，这缩短了种植农作物的时间，降低了粮食产量。一个侧面的例子就是，17—18 世纪初，世界各地饥荒泛滥。例如 17 世纪初，明政权由于寒冷而面临全国性饥荒，进而导致了农民起义乃至政权覆亡。17 世纪末，几乎与法国的饥荒同步，苏格兰、瑞典和芬兰等地也发生了大规模的饥荒。

📶 从饥荒到饮食过量

随着新大陆的发现，一批产量较高、对环境要求不那么苛刻的农作物走上了餐桌。近现代以来，由于生产条件的改善、生产效率的提高乃至产品本身质量的改进，粮食产量得到了大幅提高。从世界范围来说，现在的粮食生产足以养活全球的人口，真正意义上因为饥饿而死去的人已经越来越少。

尽管一部分人可能存在营养不良的问题，但这并不代表他们一定会饿死。即使是不健康的或者数量过少的粮食，依旧可以维持他们的基本生命。事实上，如今身体超重的人已经达到了全球人口的近三分之一，而营养不良的人不到超重人口的一半。

小冰期时的全球饥荒

　　大约 1550—1770 年这一段时间被称为小冰期。这段时期气温降低，粮食产量下降，全球各地饥荒此起彼伏。世界人口增长率在这一时期也有所下降。

1601—1603 年	俄国饥荒，三分之一的人口饿死。
1619 年	日本饥荒。
1628—1641 年	中国饥荒，农民起义推翻了明朝统治。
1630—1631 年	印度饥荒，200 万人饿死。
1661 年	印度由于干旱发生饥荒。
1680 年	意大利萨丁尼亚饥荒，8 万人饿死。
1693—1694 年	法国饥荒，200 万人饿死。
1695—1697 年	爱沙尼亚与瑞典饥荒，15 万人饿死。
1695—1698 年	苏格兰饥荒，约 10% 的人口饿死。
1696—1697 年	芬兰饥荒，三分之一的人口饿死。
1708—1711 年	东普鲁士饥荒，41% 的人口饿死。
1738—1756 年	西非饥荒，首都半数人口饿死。
1769—1773 年	孟加拉大饥荒，三分之一的人口饿死。

　　"既然没有面包，那为什么不吃蛋糕呢？"这句话相传是法国大革命前夕法国王后玛丽说的。尽管这句话是后人杜撰的，然而放在今天，这句话的讽刺意味并没有那么强烈。作为基础需求的饮食早已不再是人们奋斗的目标，肥胖导致的健康问题远比饥饿更多。

曾被战胜的"杀手"
历史上的传染病

除饥荒之外，对人类威胁最大的就是传染性疾病。

鼠疫

在历史上，鼠疫有过三次大范围的传播。第一次鼠疫大流行发生在 6 世纪的东罗马帝国，这场鼠疫快速席卷了欧洲，并在世界范围内造成至少 2500 万人死亡，这是当时世界人口的 13%。第二次鼠疫大流行则是众所周知的黑死病，14世纪，来自亚洲的黑死病造成了约 7500 万人的死亡，欧洲的人口减少了三分之一以上。1894 年，在广东爆发鼠疫，并传至香港，最终波及 60 多个国家，死亡人数超千万。

流行病在新大陆

1492 年哥伦布发现新大陆之后，大批欧洲人来到了美洲。他们身上携带了美洲原住民从未接触过的病毒与细菌。鼠疫、天花、霍乱、黄热病等流行病杀死了新大陆 90% 以上的人口，造成了原住民文化的崩坏与政治的混乱，欧洲的殖民也因此变得更加轻而易举。

流行病的消亡

随着医疗条件的改善，死于流行病的人越来越少。1720 年，法国马赛爆发鼠疫，但是很快得到了控制。这也是近代以后在发达国家中最后一次发生鼠疫。第一次世界大战时，西班牙流感席卷全球，死于此流感的人甚至比第一次世界大战的死亡者还要多。但是在抗生素和疫苗被研发出来以后，人类已经不再畏惧流行病。1980 年，世界卫生组织宣布天花已经被消灭。在与疾病斗争的这上千年历史当中，人类似乎即将获得最终的胜利。

历史上的传染病

在人类尚未认识到病菌存在的时候，流行病往往被认为是天谴。随着科技的进步，人类对疾病逐渐有了清晰的认识。以认识的进展为基础，人类逐渐摆脱了对流行病的恐惧。

鼠疫传播的方法

鼠疫并不是一种通过老鼠传染的疾病。鼠疫的传播途径是老鼠身上的跳蚤。跳蚤携带鼠疫杆菌，潜伏在老鼠身上，老鼠通过贸易的商船、车马等人类的交通工具逐渐将跳蚤带到世界各地。跳蚤从老鼠身上转移到人类身上，并通过叮咬传染病菌。大规模流行开始的时候，如果不及时处理尸体，使尸体成为老鼠的食物，不仅会令老鼠增加，还会感染更多的老鼠和跳蚤。

| 鼠疫杆菌 | 跳蚤 | 老鼠 | 人 |

传染病的治疗

黄热病毒是第一种被发现的病毒，它通过蚊虫叮咬传播，死亡率高达30%—50%，至今依然肆虐在非洲与南美洲。1900年，一个医疗组织进行了实验，证明这种病是通过蚊子传播的。

青霉素是人类发现的第一种抗生素。美国制药企业于1942年开始对青霉素进行大批量生产，最后被广泛运用于救治第二次世界大战中的伤兵，拯救了无数生命。直到今天，它依然是被广泛使用的抗生素之一。

疫苗是一种生物制剂，通过接种可以使人获得对特定疾病的免疫力。第一支疫苗是牛痘病毒，这种病毒是天花的近亲，因此1796年它被接种在人身上以对抗天花，并获得了成功。

流行病的终结
现代生物科技的发展

传染病正在淡出人类的视野，很可能不再是一种可怕的威胁。

流行病危害的减退

现今人类的交通比以往更为便捷，人口也更为庞大和密集，但这并没有导致不可挽回的、灾难性的传染病。这一切不仅得益于行政效率的提高，更是因为医疗技术的突飞猛进。尽管偶尔依然会传来一些新型流行病出现的消息，但是在高效运转的医疗基础设施面前，流行病不堪一击，不再像历史上那样，每次肆虐都将带走以人口百分比计数的生命。

新的流行病：埃博拉

埃博拉病毒首次发现于 1976 年。2013 年底，西非出现了一次最大规模的流行。这种疾病的死亡率平均高达 50%，由于贫困和落后的医疗卫生条件，疾病很快传播开来。然而一年之后，通过国际社会的共同努力，疾病还是得到了有效控制，有记录的死亡感染者大约是 11000 人，相当于被感染国家人口的万分之五。这表明人类已经有能力控制新的传染病了。

新的流行病：艾滋病

尽管过去的一个世纪里医疗科技日新月异，但依然有一个尚未攻克的传染病难关。这就是艾滋病。与其他传染病不同的是，艾滋病不会破坏人体的器官，但是它会破坏人体的免疫功能，使人更容易感染其他疾病。不过这种疾病的传染性暂时不算特别强烈，主要通过性行为、血液和母婴传播三种途径进行传播。每年都会有数百万人死于艾滋病的并发症，并且这一数字依然在上升。但是随着医学研究的进展，越来越多的迹象表明艾滋病可以得到治疗，并且这一未来并不遥远。

艾滋病

艾滋病（AIDS）全称获得性免疫缺陷综合征，是由人类免疫缺陷病毒，简称艾滋病毒（HIV）引起的。有关艾滋病的首次记载是在1981年，1982年被正式命名为艾滋病。它是一种RNA病毒，主要有以下三种传播途径。

艾滋病主要的传播途径

性行为传播

性行为传播主要通过性分泌液与血液的接触进行。病毒通过性分泌液侵入对方的黏膜，并进入血液当中，使对方感染。子宫、肠道乃至口腔都是非常脆弱的黏膜。使用安全套可以大幅降低感染的危险。

血液传播

血液传播就是通过伤口、输血以及多次使用注射器使人感染病毒。输血时大多数正规的血库都会进行病毒检查，因此感染率相当低。使用注射式毒品时轮流使用同一个注射器，是目前艾滋病毒通过血液传播的主要途径。

母婴传播

母婴传播主要有三种方式。一种是出生时婴儿身上沾上了母亲大量的血液导致感染；一种是出生后由于哺乳造成感染还有一种是怀孕期间通过胎盘使婴儿感染。前两种情况可以通过剖宫产、奶粉喂养等方式来预防，但是最后一种感染很难预防。

艾滋病致死的方式

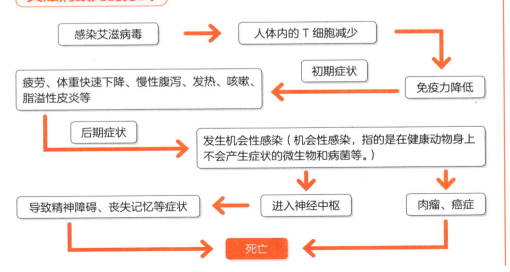

基因编辑

人类或将亲手毁灭自己

即使自然界很可能无法自然产生灭绝人类的病菌，但这种病菌完全有可能被人类自己亲手制造出来。

传染病治疗的未来

随着电子科技的进步，科学家开始研究新式治疗工具——纳米机器人。如果纳米机器人能够得到使用，那么通过注射等方式使它们进入人体，找出并杀死病菌乃至癌细胞将成为可能。与以往生物式的消灭不一样，这种方法可以物理式地消灭病菌，在未来的疾病治疗中肯定能起到极大的作用。

基因工程与人造病毒

所谓基因工程，指的是通过人工操作改变基因的行为。如果换一个更加常见的名词，我们可以称之为转基因。基因工程开始于 20 世纪 70 年代，从严格的意义上来说，人类并没有创造出新的生命，只是截取和重新拼接了既有生物的 DNA 片段。

基因编辑可以为人类提供更高产的粮食，但这样做有可能破坏大自然的生物多样性。不仅如此，基因编辑还可能导致伦理方面的问题。2015 年，中国的研究团队首次编辑了人类基因，引起了巨大的反响。被编辑过基因的人，到底还算不算人？

等到基因编辑技术成熟以后，国家甚至恐怖组织为了打败敌人，完全有可能自行制造出感染能力和破坏能力极强的病菌。到了那个时候，游戏中的俗套场景或许将会成为现实。最严重的情况下，人造的病菌甚至可能毁灭我们的世界。

基因编辑与未来

　　将基因编辑技术应用在日常生活中，会极大地改变我们的生活。一方面它可以改善我们的生活，另一方面则给我们的生活带来了一定风险。但是随着技术的完善，基因编辑一定可以更好地服务人类。

　　现在经过基因编辑的食品早已进入了人们的生活，基因编辑过的大豆等农作物已经成为流通的商品。

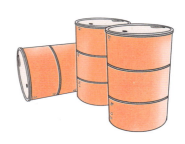

　　现代社会的主流能源化石能源本来就是生物的尸体在地底下逐渐演化而成的。那么生物本身也可以制成能源，例如玉米或者微生物等等。我们可以通过编辑基因的方式使它们成为优质的能源。

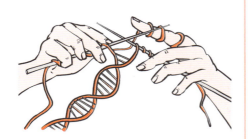

　　编辑人类的基因可以使人类变得更强，这也是基因编辑技术早晚要走上的一条道路。但是现在这项技术依然受到一些人的谴责，认为这是不人道的。

　　基因编辑技术如果变得低成本易实施，可怕的生物武器就更有可能威胁世界的安全。尽管技术普及后它肯定会成为各国武器的标准配置，但正如原子弹一样，投入使用的可能性很小。如果用生物武器展开一次恐怖袭击，后果肯定不堪设想。

战争正在消失
"新和平"与"知识经济"的崛起

和平曾经是一种祈求，是一种奢望。但是现在，对于绝大多数人来说，战争似乎是世界另一头发生的某种很遥远的事情，自己的国家陷入战争的场景，只存在于艺术虚构和幻想当中。

从冲突不断到世界和平

即使在人类诞生之前，个体生命之间的冲突就一直存在。人类诞生之后，这种冲突被有组织有计划地推行，上万年来无数人因此死亡。20 世纪，两次世界大战一共夺走了 8000 多万条生命。而随后，这个"丛林法则"终被打破，战争逐渐消失。

不过，随着科技与战争的关系日益密切，第二次世界大战末期发明出来的毁灭性武器原子弹有效地抑制了战争。在现代，大国之间的战争将意味着整个世界的毁灭。于是，和平地解决冲突成为全球共识，人们对于资源的掠夺也由原来的物质资产变为知识财富，知识成为更为重要的战略资源。

从掠夺到共赢

在资源匮乏和交通落后的时代，缺乏某种资源的国家——不论这种资源是粮食还是黄金——由于没有其他途径获得它们，只能铤而走险，发动战争。但是在信息高度流通、贸易高度自由的今天，几乎没有什么资源是无法获取的了。既然可以通过和平的方式用更低的成本和风险获得，为什么还要冒险发动战争呢？不仅如此，由于经济合作日益密切，一旦出现战争，本国的经济也会遭受难以挽回的打击，很可能失去资源或者市场。更为重要的是，战争的胜利方尽管能侵夺他人的土地、煤矿、石油等物质资源，却无法霸占知识这一重要的无形的资源。

在现代社会，掠夺在获取利益的过程中已经成了一种低效率的旧方式，走向合作、走向共赢才是未来的趋势。

逐渐消逝的战争

　　第二次世界大战以来，又爆发了许多次战争与冲突，但是全球性的战争已经没有出现过了。战争主要爆发在民族冲突严重或者经济水平落后的地区。二战以来的这些零碎的冲突，其死伤人数即使加在一起也很难超过二战中死亡的人数。可以预料的是，随着经济水平的进一步提升，战争只会越来越罕见。不仅如此，科技的发展也加快了战争的速度，由于精确打击目标逐渐成为可能，死亡于战争的平民也会越来越少。

第二次世界大战以来主要的战争及其死亡人数

1939—1945 年	第二次世界大战，约 7000 万人死亡。
1945—1949 年	中国解放战争，300 余万人死亡。
1947 年起	印巴冲突，约 3 万人死亡。
1948—1982 年	中东战争，约 4 万人死亡。
1950—1953 年	朝鲜战争，约 100 万人死亡。
1955—1975 年	越南战争，至少 90 万人死亡。
1980—1988 年	两伊战争，至少 50 万人死亡。
1990—1991 年	海湾战争，约 3 万人死亡。
1991—1999 年	南斯拉夫内战，至少 14 万人死亡。
2003—2011 年	伊拉克战争，至少 14 万人死亡。
2011 年	利比亚内战，约 2—3 万人死亡。

新威胁
更具多样性的未来战争

尽管战争似乎离我们越来越远，但是新的战争却也在一步步靠近。

📶 网络战争

所谓网络战争，指的是通过电子计算机以及互联网进行的攻击行为。黑客或黑客集团通过上述手段对国家、企业、组织乃至个人展开攻击，达到窃取情报、破坏通讯、引导舆论等效果。随着社会整体的信息化，网络攻击可以很轻易地获得精确而丰富的情报，或者迅速瘫痪攻击目标。

网络战争的出现使大国与小国发生冲突时可能需要面临更加棘手的问题。通过瘫痪基础设施甚至劫持自动化的武器，直接的战争能带给国家的利益甚至可能小于受到的损失。

📶 反恐战争

冷战结束以后，世界范围的战争似乎成了不可能。除了交通事故和疾病，似乎没有什么能威胁人的生命了。但是 2001 年的 "9·11 事件" 则宣告了又一场战争的开始，美国将这场战争称为反恐战争。恐怖主义与中东的泛伊斯兰主义以及民族主义息息相关。为了打击恐怖主义，美国开始了伊拉克战争与阿富汗战争，然而收效甚微。尽管 2011 年美国击毙了基地组织头目本·拉登，但是效果有限。

美国的进攻给中东带来了战乱，混乱的政局成了滋生和哺育恐怖主义的温床。极端的恐怖主义并不具备吸引绝大多数民众甚至操纵国家政权的能力，但是战乱却给了他们胜利的机会。如何赢得反恐战争的胜利是未来的一大课题。

网络战争与反恐战争

网络战争和反恐战争将成为近一段时间威胁世界的主要战争。尽管它们伤害不算严重，但任何人在任何地方都有可能成为受害者。这也是这两种战争最为可怕的地方。

网络战争

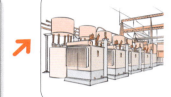

电子计算机

电子计算机是网络战争的基本工具，也是网络战争攻击的目标。受到严密保护的攻击目标可能会处于封闭网络之中，这时就轮到传统卧底登场了。

攻击基础设施

网络攻击可以瘫痪部分基础设施，以造成混乱甚至伤亡，达到带去经济损失的目的。

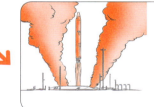

劫持军事设备

网络攻击可以劫持军事设备，达到以子之矛攻子之盾的效果，而不需要自己付出任何代价。

反恐战争

"9·11事件"

"9·11事件"是使全世界意识到恐怖主义危害的一大事件。2001年9月11日，三架被劫持的飞机撞上了纽约世贸中心和五角大楼，造成3000余人死亡。

ISIS

ISIS是现在备受关注的一个恐怖组织，他们在中东乃至欧洲制造了无数起大大小小的自杀式袭击，甚至宣布在伊拉克北部和叙利亚东部建立了一个新的国家。

第二章
人类的新课题

迈向新时代
从祈祷到主宰

以前，人类只能祈祷；现在，人类只需要技术和知识。

从无能为力到奋起反抗

就在近代以前，面对饥荒、瘟疫与战争，有的人认为这是神明的天罚，有的人认为这是恶魔的诅咒。无助的人类只能选择祈祷，乞求宽恕。他们盼望着奇迹，盼望着显灵，乃至一些稀奇古怪的方法反而戕害了人命。

尽管今天依然有人生活在苦难中，但不得不承认，死于饥荒、瘟疫与战争的人越来越少。过去几个世纪里人类在科学上的努力并没有白费，人类的进步是显而易见的。我们已经不需要再通过迷信的手段去哀求自身的安宁，我们拿科学技术作为武器攻克了一个又一个世纪难题。历史证明，人类不仅有能力对抗饥荒、瘟疫与战争，甚至可以打败甚至消灭它们。

从被支配走向主宰

在克服了千古难题之后，人类发现自己的手上已经有了巨大的力量。如果不能更好地利用这股力量，我们很有可能会残害自己。破坏环境的情况日趋严峻，但是实际上用于环保的经费还达不到各国军费的零头。

曾经受到各种制约的人类，既然逐渐地主宰了自己的命运，那么人类下一步的目标当然会更加远大。或许这个目标是消除痛苦，或许这个目标是告别死亡，或许这个目标是实现永远的幸福。如果可以做一个简单粗暴的总结，我们可以说，人类正走在成为神的道路上。

未来的课题

　　"无无明，亦无无明尽，乃至无老死，亦无老死尽。"原本在宗教当中形容没有烦恼没有生死的这段文字，或许在以后将成为现实。无疑，这将极大地冲击现在的伦理、宗教甚至常识，但这一切并不是不可能。

生

　　出生总是伴随着痛苦。随着科技的发展，体外培育婴儿或许可以成为现实。

老

　　人总会衰老。但是人类的寿命已经延长了许多。基因编辑或许可以使人彻底摆脱衰老。

病

　　疾病依然在困扰着人类。但是所有的疾病都是可以克服的。

死

　　只要摆脱了衰老，或许有一天人类可以实现大脑的电子化，那时人类将告别死亡。

　　告别生老病死，满足衣食住行，随心所欲、无所不能的人类，实际上成了神。

衣

　　人类早就不必为衣服发愁，并且服装的选择也多种多样。

食

　　随着栽培方法的改进和产量的提升，让粮食产量满足不老不死的人口并不会成为问题。

住

　　科技的发展和实际的需要早晚会使人类移居宇宙，那时居住绝对不会成为问题。

行

　　虫洞的理论如果得到实践，那么星际旅行将变得十分简单，就像去楼下的超市一样。

绕不开的话题
到底什么是死亡

死亡是个永恒的话题。不同性质的宗教对死亡的看法各不相同。

一神教的死亡：以基督教为例

在基督教的观念中，人在死亡之后依然以灵魂的形式存在。人原本是永生不死的，但是由于原罪的存在才不得不死亡。死亡之后，人的灵魂会受到神的审判，并被决定往后的去向。由于基督教信仰最初来源于基督的复活奇迹，因此有一天所有人都要接受末日审判，神将让信徒获得永生。

多神教的死亡：以印度教和佛教为例

佛教起源于早期的婆罗门教，因此与早期印度教的死亡观念有密不可分的联系。印度教认为，人生在世会造业，而造业必定会有报应，这种报应则会体现在轮回转世上。那么平添天堂，地狱这种系统只会为轮回带来混乱，因此印度教中并没有天堂，地狱的概念。

佛教则基于印度教的轮回观念增加了一层新的目的，那就是摆脱轮回。摆脱轮回不意味着就地成神，而是达到无我的境界。只要自我存在，那么必定无法摆脱轮回，只有消除或者说否定了作为主体的自我，才能合理地将摆脱轮回的说法套进印度教的轮回说当中。

泛神教的死亡：以神道教为例

神道教是如今依然存在的影响力较大的泛神教。泛神教认为，一切自然现象乃至物品都有神灵，因此信奉者更愿意认为人在死后会直接成为神，对生前做出过突出贡献者还会修建神社纪念。如果死时有极大的不甘或不愿，也可能成为怨灵，为害人间。

宗教中的死亡

尽管死亡的表达在各种宗教中各不相同，但是比较共通的一点是，在不同宗教看来，死亡之后的人或者人的本质是永恒的。

基督教中的死亡

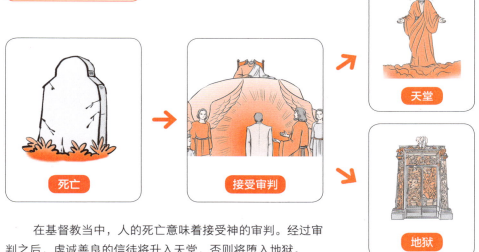

死亡 → 接受审判 → 天堂 / 地狱

在基督教当中，人的死亡意味着接受神的审判。经过审判之后，虔诚善良的信徒将升入天堂，否则将堕入地狱。

神道教中的死亡

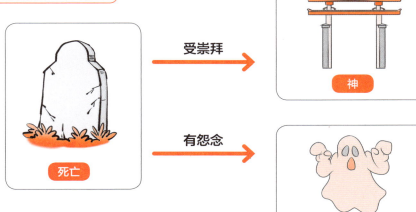

死亡 —受崇拜→ 神

死亡 —有怨念→ 鬼

在神道教当中，死亡意味着人改变存在的形态。普通的人在死亡之后都会变成神，只有度过了痛苦晚年的人才会化身鬼魂作怪。

当死亡不再神圣

死亡已经变成一个技术性问题

死亡本身就是一个生命过程。理解死亡的过程，才能理解死亡。

死亡的过程

细胞在执行任务的时候会逐渐丧失活力，因此细胞会通过分裂来保证整个机体不受细胞个体老死的影响。那么理论上来说，只要细胞能够无限分裂，保持良好的活力，人并不会那么容易死去。

但是，现有研究证明，由于染色体两端存在着端粒，每次细胞分裂复制基因时都会使端粒缩短。端粒用完以后，细胞就无法通过分裂来增殖了。因此，随着机体内部细胞端粒逐渐变短，人的寿命也就慢慢迎来了终点。

挑战死亡

尽管科学证明了端粒的长度决定了细胞分裂的极限乃至人的寿命，但是端粒的长度肯定是可控的。精卵细胞的端粒不会随分裂而缩短，癌变的细胞也与之相同。这是由于端粒酶填补和延长了端粒。人类已经发现了衰老和死亡的原因。然而遗憾的是，端粒酶的出现很可能加速肿瘤的生长，因此在现阶段它依然相当危险，人类彻底战胜死亡或许还需要一段很长的时间，但至少我们已经看见了曙光。

死亡早已不再是什么不可逃避的命运，它与疾病一样只是一个有待解决的问题。随着更多资金与技术的投入，人类的寿命将不断延长，最终有一天会成为永恒。

基因的复制与老化

细胞分裂前，染色体会先行分裂，复制基因。基因是一个连续的很长的双螺旋，那么最重要的就是保证螺旋的两端保持稳定。实现这一功能的则是端粒。端粒变短以后，复制基因的过程会变得不稳定。

基因与染色体

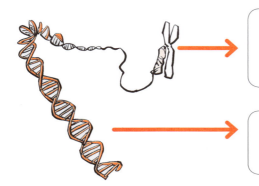

染色体承载着遗传物质，在它的两端则有端粒。复制染色体时，端粒缩短，直到基本消耗干净时，细胞将无法继续分裂。

基因就是带有遗传物质的 DNA 片段，它们呈双螺旋结构，存在于染色体当中。

复制与老化

端粒就像胶水一样，在复制完毕之后为细胞封上一个口。因此胶水消耗完以后，无法封口的基因也就不再分裂了。

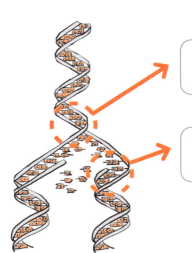

基因复制时，双螺旋结构将会分裂，各自保留原本结构的一半。

通过配对，分裂成两段的基因将重新变成两对完整的基因。

人类寿命的矛盾

在长寿与永恒之间

长寿是一个事实，永恒则是一个矛盾。

🎚 生活就是冒险

生活中充满了危险。现在世界人口的死亡率每年大约为 0.8%，而其中死于疾病以外的人数则占到了将近 0.1%。任何人都有可能在任何时间任何地点死于意外，年化的概率假如放在长生不死的人身上，那么他的寿命越长，死于非命的可能性越接近 100%。一些看上去非常有趣的事情，例如开车，例如登山，由于无限次概率的叠加，都会成为让人难以承受的生命风险。正是因为人的寿命足够短暂，才能无视这种非常之低的概率，放心大胆地去寻求刺激。但是当自己能够长生不死的时候，人类究竟还能不能继续享受上千年来一直属于自己的冒险呢？

🎚 以长寿为例

如今在许多发达国家，人均寿命已经超过 80 岁。中国的人均寿命也从改革开放开始时的 68 岁提升到了现在的 76 岁。尽管这一数字依然在缓慢地提升，但速度已经越来越慢。科学证明，现阶段人类能够存活的最长寿命应该在 120—150 岁之间，但是实际上能活到这个岁数的人风毛麟角。

如果人均寿命能提升到这一水平，人类的生活将会发生极大的改变。我们肯定需要工作到更老的年龄，并且需要创造出更多的财富，甚至重新讨论国家的结构。生育年龄在生命中显得更加短暂，因此生育和家庭也将变得更加不重要。仅仅是渐变式的长寿就可能带来如此之多的变化，那么永生会带来的冲击也就可想而知了。

人类的寿命

工业革命以来，人类的平均寿命一直在逐渐增长。但是这并不代表威胁人类生命的意外已经越来越少。可以预见的死亡原因越来越清晰且可以回避，但不可预见的死亡原因却继续无情地夺去人的生命。

寿命的敌人

尽管疾病一直是夺去人类生命的最大原因，但其他意外因素导致的死亡也不容忽视。右表是 2004 年世界卫生组织发表的人类死亡原因统计，其中疾病以外的死亡占到了总数的 9%。这中间最主要的死亡原因就是交通事故和自杀。

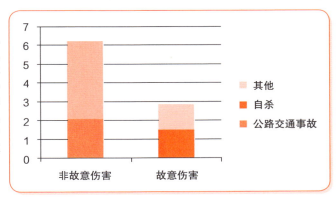

不断增加的寿命

寿命的提升代表人类过上了更加安逸的生活，然而人类并不会就此满足。对于永生的研究还有一段很漫长的路要走，不过一旦成功，必定是一场剧烈的变革。

平均寿命

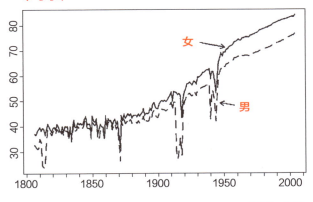

单位：年份

左表是近 200 年来法国人平均寿命的演变。可以看见在近代，由于连绵的战争以及天灾，平均寿命在剧烈波动中缓慢上升。20 世纪以后，波动开始减少。两次世界大战严重影响了人类的平均寿命，但是战争结束后又快速恢复到了往常的水平。二战以来，寿命得到了缓慢而稳步的上升。

永生的人更焦虑

永生一旦实现之后的雪崩反应

尽管永生是上千年来许多人一直梦寐以求的事情，但是如果它得到实现，或许并不会如想象中那么美好。

阶层固化

实现永生之后，首先需要做的恐怕就是废除退休制度。工作和服务短短几十年后享用漫无止境的福利是缺乏效率并且不合理的。那么，如果没有了退休，社会又会变成什么样呢？

首先出现的第一个问题就是阶层的固化。没有了退休，小到工厂公司，大到政府部门，经验丰富、能力干练的老人将霸占绝大部分的岗位和资源。这势必造成阶层的固化。

活力丧失

阶层乃至岗位的固化很容易导致下一个问题的出现，那就是社会活力的丧失。一个经验丰富的管理者会按照经验行事，因为经验可以收获更加稳定的结果。但是一个经验不那么丰富的年轻人则会依照想象行事，天马行空的计划反而有可能收获更加疯狂的成果，这也是社会富有活力的原因之一。如果社会丧失了活力，虽然不至于造成退步，但世界的变化肯定不像今天这般日新月异，毕竟大家都不缺时间，不必急于一朝一夕。

公平问题

随之而来的还有公平问题。如果老人占用了大量的岗位和优势资源，那么人类的下一代乃至下几代又将依靠什么营生呢？可以想象，贫富差距会在永生得以实现之后越来越大，永生的人对于经济乃至政治的独占甚至垄断，将与封建世袭一般无二，甚至有过之而无不及。

另一方面就是，永生的技术一旦出现，它能公平地让每个人都享受到吗？迄今为止，尽管人在各方各面都有这样或者那样的不公，但至少在死亡方面大家都是同样的。如果拥有足够财富的人就可以永生，这样能称得上公平吗？

死亡的生物意义和社会意义

死亡对于人类来说有非常重要的意义。这种意义主要包括两个方面：一个是人作为生物死亡的意义，一个是人作为社会动物死亡的意义。这两种意义虽然相互区别，但也有很强的联系。

死亡的生物意义

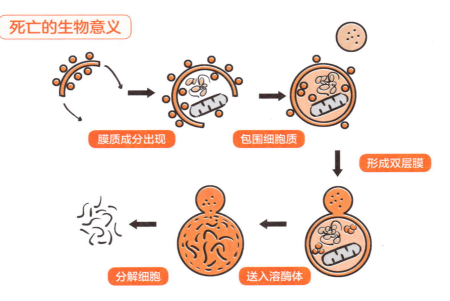

膜质成分出现 　　包围细胞质

形成双层膜

分解细胞 　　送入溶酶体

上图是细胞死亡的过程。如果细胞不死，那么遗传基因也不会改变。遗传基因不变，那就没有进化，更没有生物的多样性。可以说，如今我们这个丰富多彩的世界，就是建立在死亡的基础之上的。

死亡的社会意义

现代社会是建立在能力之上的。随着时间的流逝，个人能力不断提升，因此能获得更高的地位。但是永生将打破这种平衡，使有创造力的新人被压抑在底层，难以继续向上攀爬。个人的努力很难得到回报，这将使社会迎来前所未有的危机。

死亡

老年

中年

青年

幼年

新生

服务对象的转变
为满足国家利益的幸福体系

最好的行为就是给最大多数的人带来最大的幸福。

教育系统的建立

近代的公共教育系统是从法国大革命之后开始建设的。随着资本主义的发展和民族国家的出现，为了获得更多的拥有基础知识能力的劳动者，为了强化国家的民族凝聚力，甚至在一些君主制的国家为了培养对君主的忠诚，学校制度逐渐被强化。19 世纪末，义务教育制度诞生，教育的内容和教材也越来越反映政府的需求。

卫生系统的建立

19 世纪中期，随着医学水平的提升，一些国家开始推行公共卫生制度。既然发现了导致疾病的主要原因并不是中世纪以来想象中的"瘴气"而是细菌，那么通过调配药物科学地治疗疾病将成为可能。公共卫生服务最初的目的也是提升社会运转的效率，以保障儿童的健康成长乃至未来劳动力或者兵源的健康。

福利系统的建立

除了教育与卫生，就连社会保障最初都是为了国家的利益而出现的。最初的社会保障出现在 19 世纪末的德国，由于国家飞速的工业化导致了大量的工人运动。为了缓解社会矛盾，当时德国一边镇压工人运动，一边通过社会福利安抚工人。因此，社会保障最初会出现，归根结底为的也是国家的安稳。这种方法很快得到肯定，在接下来的几十年里逐渐普及到了主要的资本主义国家。

公共教育系统的建立

公共教育系统的建立是近代的一大创举。随着第二次工业革命的开展，各国越来越需要受过教育的劳动力。劳动力才是教育的目标，这一点从英国公共教育系统的建立过程中也可以看出来。

英国公共教育制度的建立

时间	法律的规定
1802 年	规定儿童的劳动时间不得超过 12 小时，并要求他们每个月花一个周日去上课。
1819 年	禁止雇用 9 岁以下的儿童，并规定 9—16 岁的儿童劳动时间不得超过 12 小时。
1833 年	规定 9—13 岁的儿童劳动时间不得超过 9 小时，18 岁以下未成年人不得超过 12 小时，雇主必须保证他们一天最少上 2 小时的课。
1844 年	规定 8—13 岁的儿童劳动时间不得超过 6 小时 30 分钟。
1847 年	规定未成年人每日劳动时间均不得超过 10 小时。
1880 年	义务教育制度建立
1891 年	初级教育免费

法国公共教育制度的建立

尽管法国很早就提出了受教育是公民应有权利的一部分，但实现这一想法实际上也几乎与其他国家同步，这说明法国公共教育制度的建立也是出于现实需求。法国提出的全民教育确立了现代单线式教育制度的基础，如今包括中国在内的绝大多数国家都采纳了这种教育制度。

时间	法律的讨论与规定
1791 年	法国第一部宪法出台，提出为全民提供免费教育。
1791 年	塔列朗法案、孔多塞法案、公共教育法案等关于教育的法案全数流产。
1881 年	初等教育免费。
1882 年	规定小学为义务教育。
1886 年	只允许非神职人员参与教育。

幸福快乐并不容易
经济快速增长与幸福感的原地踏步

尽管经济一直在增长，但人类的幸福感却几乎总是原地踏步。

🛜 国内生产总值

国内生产总值，指的是一定时期特定区域内经济活动产出的市场价值。这一指标向来都是衡量国家发展水平的重要参考。从纵轴来看，大多数国家在过去的一百年里都让这个数值翻了几番。从横轴看，平均到每个人头上的人均国内生产总值，世界各国之间差异非常之大。

尽管如此，我们并不能认为我们的生活一定比一百年前的人幸福，也不能认为我们的生活一定比经济落后国家的人幸福。物质财富的增长实际上并没有带来幸福感受的同比增加，尽管我们可以认为它确实是在增加的。

🛜 国民幸福总值

国民幸福总值是一个相对于国内生产总值被提出来的概念。1972 年，不丹的国王旺楚克提出了这一概念，并使用于不丹的政策当中。

正如国民幸福总值由消费与投资两大部分构成一样，国民幸福总值则会衡量心理幸福、健康、教育、文化、环境、社区、政治、生活水准以及私人时间安排等方面。由于访问和调查这些指标都需要大量的人力和时间，因此只能采取抽查的方式。

尽管这种指标反思了唯经济至上的错误想法，但是衡量这种指标的机构依然是政府。这样的一种指标可以成为某种程度上的参考，但并不能作为衡量未来的标准。

经济与幸福

衡量幸福主要有两种指标：一种是客观幸福指数，一种是主观幸福度。随着物质生活水平的提高，客观幸福指数就是通过衡量和评价各项指标得到的数据，而主观幸福度则是人们对自己是否感到幸福的判断。

主观幸福度

饿 → 饱

饥饿的人，如果能获得食物方面的满足，很容易就会感到幸福。

肥 → 嬉

满足了一层需求以后，人会有更高的需求，不满足的话依然不会感到幸福。

客观幸福指数

单位 %

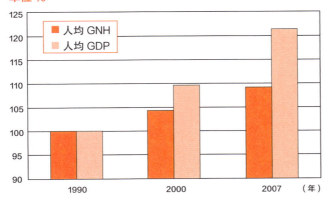

- 人均 GNH
- 人均 GDP

左图是 1990—2007 年日本客观幸福指数（GNH）与人均 GDP 的变化趋势（以1990 年的数据为 100%）。可以看到，随着经济水平的增长，交通、医疗、犯罪率等客观条件的改善，客观幸福指数缓慢得到了提升。但是这并不代表人们因此就会觉得幸福。

愉快的本质

快乐是如何产生的

人类破解了死亡之谜后，长生不死成为可能，那么追求幸福快乐这一古老的议题将成为我们面对的重要课题之一。尽管我们还不知道怎样实现幸福或者快乐，但我们已经知道了快乐是怎样产生的。

📶 快乐的原理

当欲望被满足的时候或知道欲望将被满足的时候，动物大脑中控制快感的神经系统就会活跃起来，给动物带来快乐的感觉。除了口渴、饥饿、保持体温等生物方面的基本需求，通过进化，人类还能通过他人的肯定、爱情、升职加薪等社会行为获得快乐。在人脑当中，这一部分被称为腹侧被盖区。

这一技能在学习与适应环境的过程中起到了极为重要的作用。人类可以为了长期奖励而抑制短期奖励，例如为了完成工作而暂时不吃饭。

除此以外，人类在确定自己即将得到奖励的时候也会获得快乐。例如，口渴的时候假如看见了一瓶水，这时快乐就已经产生了。

📶 快乐是短暂的

尽管对于快乐的研究至今依然不够完善，但我们至少已经知道快乐是一种生物机能，是可以控制或者改变的。快乐的本质是受到有利刺激之后做出的反应，可以说是进化产生的本能。但是为了满足更多的需要，快乐的感觉往往是短暂的，因为只有这样才能促使人更快去寻找满足下一个需求的方法。

快乐的感觉原本就只是一种用来满足个体生存需求的手段，而不是最终的目的。如果将快乐当成最终的目的，恐怕还有很多麻烦的问题需要解决。

快乐的原理

对于快乐的研究很早就已经起步，如今依然是脑科学的一大研究重点。快乐受到大脑的控制，并且会在这种控制下产生欲望。当欲望被满足的时候就会愉快，而当快乐成为欲望本身的时候则会导致上瘾。

快乐实验

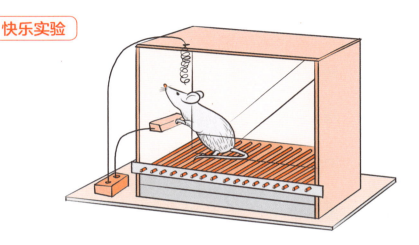

上图是 1954 年进行的一项著名实验。当按下开关时，小鼠脑部的特定部位会受到电流刺激。在发现了这种刺激之后，小鼠就会疯狂按下开关，完全不知停歇，有的甚至因为忘记进食而饿死。

产生快乐的例子

望梅止渴

望梅止渴是一个著名的典故，传说曹操曾经欺骗口渴的将士说前方有梅林，士兵们都流出了口水，士气也得到了提升。

画饼充饥

画饼充饥只是一个讽刺性的比喻，指的是用画出来的饼解除饥饿。从快乐的角度来说，这样做确实可以缓解饥饿的感觉。

如果快乐能被掌控

就快乐而言，人类到底要过程还是要结果

追求快乐，到底追求的是过程还是结果，这是一个很棘手的问题。

伊壁鸠鲁的享乐主义

伊壁鸠鲁是古希腊著名哲学家，他因为支持享乐主义而受到了后世的关注。他认为快乐才是至善，才是人生的目的。

不过，伊壁鸠鲁并不是无条件地支持快乐。在他眼中，快乐并不是寻欢作乐，快乐应该通过控制欲望来获得。伊壁鸠鲁认为，只去满足自然且必需的欲望，过上自由平静的生活，才是人的理想状态。

伊壁鸠鲁的主张，实际上就是放弃快乐的结果，追求快乐的过程。尽管他的享乐主义经常受到误读，但他的观点即使在今天依然有一定的启发意义。

追求快乐的过程与结果

如果只追求快乐的结果，那会怎样呢？

首先，快乐是非常短暂的。如果只追求结果，那么能得到的快乐非常有限。并且，如果只看重结果，那么在追求结果的过程中，为了达成快乐的结果，有的人可能会做出有悖道德的事情。

所以就可以放弃结果了吗？并不是这样的。假如放弃了结果，最终没有得到想要的快乐，那么在过程中伴随着期待产生的快乐将一次性转变为懊恼和痛苦，反而无助于快乐。

追求快乐是一个反复不断的过程，将最终的结果作为一种刺激，可以合理地使自己在追求目标的过程中以及最终得到结果的时候获得快乐。

追求快乐

快乐，就是使人感到舒服的事情，与喜悦、幸福、满足等感情密切相关。尽管实现快乐与获得快乐有时间长短的差别，但人类大多数行动的目的都是为了获得快乐。可以说，快乐这一状态决定了人类的行为原理甚至价值观念。

伊壁鸠鲁眼中的快乐

伊壁鸠鲁将欲望分为了三类：一类是自然必需的欲望，例如衣食住行；一类是自然不必需的欲望，例如大房子、奢侈的生活等等；最后一类则是既非自然亦不必需的欲望，例如名声和权力。节制后两者才能获得真正的快乐。

自然必需的快乐　　　　自然不必需的快乐　　　　非自然不必需的快乐

追求快乐的方法

看准目标，不走歧途，在过程中收获快乐，并在达到目标后得到最终的快乐。

矛盾的欲望与快乐

刺激、兴奋感、幸福感

如果将快乐与快感直接画上等号，毒品能带来快乐，但是它会摧残人的生命。

欲望与需求

所谓欲望，就是满足人的需求。关于人的需求，有一个经典的解析，那就是马斯洛的需求层次理论。

马洛斯将人的需求从下往上分成了五大块，分别是生理需求、安全需求、社交需求、尊重需求和自我实现需求。人的需求，也就是欲望得到满足时，会获得快乐。如前所述，这是一种生物机能。产生需求之后，人会通过满足需求获得快乐。如果需求能通过机械性的行为简单地被满足，我们就将这种满足称为上瘾，将这种快乐称为快感。

上瘾产生的虚假快乐

比较典型的上瘾有香烟与毒品上瘾等。以香烟为例，抽烟时尼古丁会经由血液进入大脑，加速多巴胺的分泌，使人产生放松与愉快的感觉。然而当人不吸烟的时候，产生快感的神经物质的分泌量将会降低，给人带来消沉、失落的感觉，刺激人进一步吸烟。这一过程被称为生理成瘾。

尽管也有很多生理成瘾的毒品，不过能造成心理成瘾的毒品也有不少。与吸烟成瘾者不吸烟时感到的抑郁相比，一些具有强烈生理成瘾性的毒品在停止使用后会产生焦虑、痛苦，甚至呕吐、腹泻等情况，足以说明其威力。心理成瘾性毒品的主要效果则是产生幻觉，使人产生心理依赖。

欲望

　　欲望是寻求快乐的一大动力。欲望和需求本身可以分为几大种类，从欲望的产生到满足也有一个很长很复杂的具体步骤。

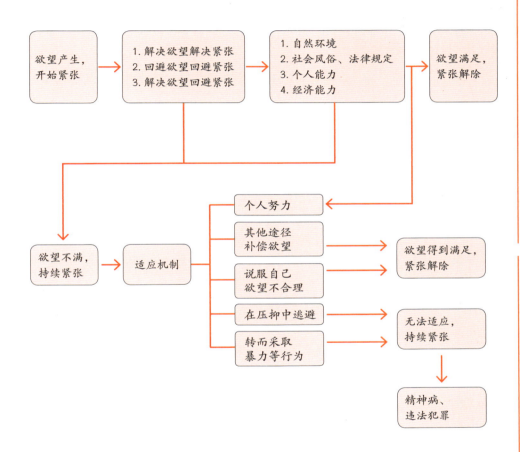

　　马斯洛的需求层次理论指出人的五种需求是递进关系，人在满足自己的时候会优先满足更低层次的需求，而层次越高，获得的满足感反而越少。

改造快乐的双刃剑
是促进还是抑制

既然快乐是一个漫无止境的死循环，那么留给人类的选择会是什么？

追求快乐的循环

追求快乐实质上是一个漫无止境的死循环。由于快乐的短暂性，人类不得不持续去追求短暂的快乐。但是在这样一个过程中，或许更多的人感受到的其实是痛苦，因为这无助于人类实现长久幸福的目标。

正因为这样，如前所述，一些哲学家，例如伊壁鸠鲁，并不主张尽量去满足人的欲望并以此获取快乐。在大多数宗教中也是这样，通过节制欲望，将快乐寄托于死后的世界，并通过这个目标在节制快乐的同时获取快乐。这其实是一个非常完善和有益的机制。但是就算这样，也只能在日常生活中暂时性地回避痛苦。当人渴求短期的强烈的快乐时，宗教在很多情况下是起不到足够作用的。

改造人类

科技进步带来越来越多的产品，使我们在消费的时候能获得一次又一次的快乐。看了一部场面震撼的电影，抽到一张能力强大的游戏卡片，吃了一次别具风味的大餐，都能给我们带来短暂的快乐。然而这样的快乐依然不能持续很长一段时间。

那么，这是否意味着改造人类自身成了一种必要的手段？如果可以改造的话，那应当怎样改造？改造不合适的话，是否会带来难以预估的可怕后果？这又是未来的一个重要课题了。

快乐循环

快乐就像一个绕不出去的圈圈，我们注定要在里面打转。但是就算找到了打破圈圈的方法，我们又能选择什么呢？

快乐的循环

追求快乐是一个漫无止境的过程，在这个过程的每一个环节当中，都有可能产生痛苦。那么我们的目标应该是永远的快乐，还是干脆抑制一部分的快乐呢？

产生需求　　努力追求

达到目标　　获得快乐

打破循环之后

打破循环之后，假如人类能保持已经获得的快乐，那就意味着远离了痛苦。没有了痛苦的刺激，没有了对未来快乐的预期，沉溺在已经得到的快乐里面，人就会丧失产生需求的动力。一旦失去这种动力，人是否还能生存，这是一个需要仔细考察的问题。

产生需求　→　努力追求　→　达到目标　→　获得快乐

彻底改变的人类社会
人类的自我改造

为了达到更高的境界，人必须脱胎换骨，彻底重生。这样的做法会对以往的伦理造成极大冲击，也会彻底改变我们的社会。目前看来，人类总共有三种方法改造自己。

基因改造

基因改造现在已经得到了初步的实践。通过改造基因，人类或许可以获得不老不死的肉体，可以得到更为强大的体能，可以快速记忆、过目不忘，可以进行更加快速和深入的思考。但是不论怎样改造，人类依然具有生物的属性，是有可能被消灭的。

生物改造还有可能产生更多不可控的问题，这种改造或许只能针对下一代人，而不能改造自己。这也会使技术在应用层面产生更大的伦理问题。尽管当事人还没有出生，但父母可以选择随意改造后代吗？这样改造之后，后代还是后代吗？

半机械化改造

另一种可行的措施就是半机械化改造。通过后天的手术给人类加入一些器官，甚至建立一些接口方便人体随时连接各种各样的外接设备。这种方式现在也可以在一定程度上得到实现，例如可以接收神经刺激做出简单动作的机械手脚，或者植入人体内的电子设备。我们甚至可以认为，心脏起搏器等辅助设备已经是将人类进行机械化改造的初步实践了。然而由于大脑依旧会保持原状，半机械人很难实现不老不死。

电子化改造

最后一种最彻底的方法则是让人实现彻底的电子化改造，将人变成电脑。这样人将彻底成为机器，并获得真正的永生。网络将成为人类的共同家园，人类也将在保持各自独立的同时融为一体。没有了肉体的需求，不论是衰老还是痛苦都将和人类无缘，或许这才是最适合人类理想的终极目标。

改造人类的方式

人类有三种方法改造自己，这三种方法各有利弊。尽管最难以让人接受和理解的是对人类彻底进行电子化改造，但也只有这种方法才能使人达到理想的境地，摆脱人的身份，彻底成为某种意义上的神。

基因改造

利：和以往的人类相比，只有外形上的区别。可以延长寿命。

弊：工作和思考依然受到很大限制。有可能因为意外死亡。或许只能改造后代而不能改造自身。

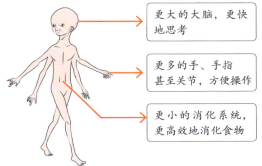

更大的大脑，更快地思考

更多的手、手指甚至关节，方便操作

更小的消化系统，更高效地消化食物

半机械化改造

利：保持人类现在的外形，大幅提升人体能力。

弊：寿命的极限难以延长。人脑思考的极限或许也难以得到提升。

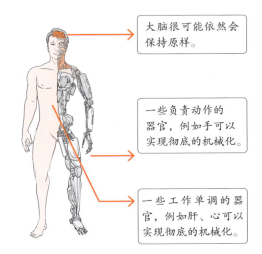

大脑很可能依然会保持原样。

一些负责动作的器官，例如手可以实现彻底的机械化。

一些工作单调的器官，例如肝、心可以实现彻底的机械化。

电子化改造

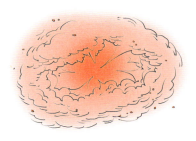

人类与网络融为一体，个人与群体的屏障可能彻底消失，人类将成为意识洪流的一部分，但是人类将不再是人类。

第三章
过去与未来之间

人类曾经和现在的情感基础正在崩塌
"共鸣"的谢幕

共鸣是目前人类文化的一大基础情感。假如失去了与从前的人类产生共鸣的经验，新时代的人类与我们之间在心理上将出现一条巨大的、不可逾越的鸿沟。

〽 基于共同经验的文化

人类的文化一直基于全人类的共同经验。共同经验之外的经验，则会使人类之间的认识产生隔阂。一千年前，生活在热带非洲或者美洲的原住民肯定不能理解保暖服是用来做什么的，也不可能理解汽车飞机，乃至计算机到底是什么东西。

但是刨去这些个例，人类还是可以相互理解的。只要有交流的条件，我们可以和唐宋时期的古人分享饮酒的愉快，也可以与地球另一边的巴西人探讨怎样泡出更可口的咖啡。这是因为尽管人的肤色、语言甚至所处的时代各不相同，但是人都有衣食住行的基本需求。人类的共同经验也由此出发。

〽 新人类的诞生与旧文化的崩溃

《圣经》上说，"日光之下无新事"，意思就是大家遇上的事情还有正在做的事情并没有本质区别。一千年前的农民、两百年前的煤矿工人和今天坐在办公室里的白领本质上都是为了养家糊口而工作，尽管过程不一样，但是经验是共通的。

但是，随着新人类的诞生，这样的经验将不复存在。就像在现代，信仰宗教的人越来越少，也有越来越多的人难以理解为什么那么多古人会向在他们这些无神论者的眼里并不存在的神明祈求风调雨顺和家庭幸福。新的人类，如前所述，在身体构造上会和我们有巨大区别，那么在社会文化乃至心理和经验方面会有更大区别。或许他们根本无法理解我们的生活，就像我们不理解蟑螂的生活一样。

共鸣与理解

　　共鸣，是人类互相理解的大前提。一个无法想象什么叫吃饭或者什么叫睡觉的人类，肯定在认识上会与现在的人类存在很大差异。或许那时的人类已经不再适合人类这个称呼，就像我们并不将自己称作猿一样。

从易到难的共鸣

飞流直下三千尺，疑是银河落九天

　　一句直观描述景物的诗文，可以给人带来身临其境的感觉。这种感觉并不是诗文直接带来的，一般来说是因为阅读者代入了自己见过的或者能够想象的场景。

蜀道难，难于上青天

　　同样是描述事物的诗文，同样是李白写的，却并不能给人带来非常切实的体会。这是因为在今天，进入四川只需要乘坐平稳舒坦的火车就可以了。你会感叹这里的山很陡峭，但你没有在这一座座的山里步行几个月的经历。

有条件的共鸣

卧冰求鲤

　　卧冰求鲤是《二十四孝》中的一个典故，说的是东晋时期有一个受到继母虐待的孩子，为了满足继母吃鱼的愿望，脱衣趴在冰面上希望融化冰面拿鱼回去孝敬继母的事情。现在看来，这样的事情非常不可思议，但是如果能明白那时推举官员的主要途径是"举孝廉"，就能明白这种故事的意义所在。假如未来的人没有了名利乃至家庭的体验，这样的事情在他们看来更是无法理解。

对未来的恐惧
未来的不确定性让未来更恐惧

未来是未知的，所以在想象未来的时候，有人会感到恐惧。

是在耸人听闻吗？

"人类会实现自我进化。他们将进化成与以往的自己完全不一样的生物。这种生物与他们观念中的神十分接近。"

这样一种说法，乍一听确实有哗众取宠的感觉。但是科学技术的突飞猛进已经逐渐使这样的"天方夜谭"成为可能。以前，改造一种农作物还需要将同一种类的植物反复杂交，以期得到产量更高的作物。然而现在，只需要用基因剪刀修剪和拼接，就可以获得既可以实现高产又不容易染上病害虫害的农作物。深度学习系统的出现，也使原本令人感到遥不可及的人工智能离我们越来越近。未来是未知的，在对于未来的想象中，只有太过保守，而不会有太过激进。

未知的事物会带来恐惧

但正因为未来是未知的，所以这样的未知才会令人感到难以置信，甚至给人带来恐惧。西班牙人征服美洲时，印加人看见这些不请自来的客人们，内心十分惊讶。这群白皮肤的家伙骑着他们从没见过的动物，难道说是神的使者？

印加人这样的表现当然令人感到无奈，但这样一种感情却是真实存在的。所谓未知，就是在自己的经验和知识当中不存在。由于不存在，也就无法预想以后会发生什么，进而产生恐惧。放在未来这个话题上，尽管我们已经能在一定程度上想象它的模样，但我们依然不知道它究竟会以怎样的方式实现。恐惧是自然的，但也不必过度恐惧。

未知的恐惧

面对未知的事物，恐惧是人的本能。尽管我们不知道以后的人类会是什么模样，但我们可以确定绝对不是现在这个样子。

西班牙人进攻印加王国

印加人看见西班牙人的时候，既不知道什么是马，更没见过火绳枪，在见识到枪炮的威力之后，他们更加恐惧了。不过随着殖民的进展，印加人也逐渐适应了近代化的生活。

外星人的经典形象

大眼睛、大脑袋、矮小的身材，但是看上去依然是人类。外星人的经典形象其实就是基于人的形象创作的，但这样的形象依然会使人感到恐惧。令人产生恐惧并不是因为外星人的形象有多可怕，而是因为这种形象代表了一种未知。

鬼魂或幽灵

像鬼魂这种不能证明存在但也很难证明不存在的东西也会使人感到恐惧。之所以会恐惧，就是因为人能在一定程度上理解它，却又不知道它会做出些什么。

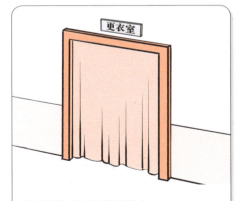

躲在更衣间后面的改造人

未来的改造人也一样，他们是未知的。他们就像躲在更衣间里一样，我们能从自身大致推断出他们的样子，然而我们摸不清他们到底会是什么模样。

爆炸式的科技发展

未来的到来在加速

在科技发展的过程当中，一个重大发现的后面往往伴随着无数的新发现与新突破。这也使科技发展越来越快，呈现指数级的发展。

📶 相辅相成的科技

科学技术主要有两个方面的成就，它们分别是理论与应用。理论会促进新材料、新工具的诞生，而新材料、新工具的应用则能让理论更上一层楼。不同的学科则会相互促进彼此的发展。

例如，生命科学需要精确度非常之高的电子显微镜。这种显微镜的制造和升级则需要物理学科乃至材料学科的努力。生命科学的研究可以延长人的寿命，又给了其他学科的人展开更深入研究的机会。

📶 加速中的列车

随着信息技术的发展和交通条件的改善，各个学科之间的联系与合作越来越密切，从理论到应用再回归理论的循环速度也越来越快。科学技术就像一列不断加速的火车，一个小小的刺激就能让它获得无限的加速可能。

从日常生活出发也能明显地体会到这样的变化。信息从产生到被消化，用的时间越来越短。通过简单的网络搜索，人们就可以知道下一趟车什么时候来，也可以知道在十分钟前世界的某个角落又发生了什么事。专业工作者可以从数据库中轻易调取几十年前甚至前几天发表的论文，借以作为自己研究的参考。信息获取成本的大幅降低意味着生活效率的提升。生活效率的提升则正是科技越来越发达的表现。

快速发展的科技

科技快速发展的基础在于信息流通的网络。网络则是第三次科技革命最伟大的成果之一。正是因为科技的飞速发展，人们才会越来越觉得生活每天都在改变。

简单的发明

简单的发明创造能带来结果，但不能直接用于促进下一步的发明。现代科学技术理论与应用能够相辅相成，共同发展。

现代科学技术

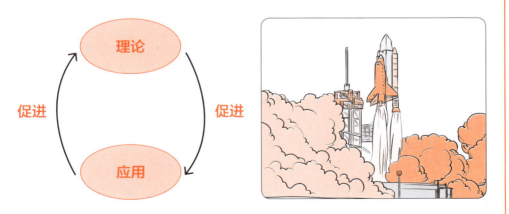

现代的科技发展就像火箭发射一样，速度越来越快，受到的阻碍也越来越少。与火箭发射不一样的是，科技的发展恐怕并没有一个绝对的瓶颈，它只会一路加速，永不回头。

登门槛效应

人类正在逐步接受"被改造"

尽管与现在完全不一样的未来会让人难以接受，但只要循序渐进，这样的未来并不会让人难以适应。

什么是登门槛效应

所谓的登门槛效应，指的是人一旦满足了一个小要求之后，面对一个与之相关的大要求，也会有很大的可能接受这种要求的现象。但是如果直接对别人提出这项大要求，则有很大的概率被拒绝。

举个例子，假如大家受邀参加一个健康讲座，然后在讲座结束后主办方开始推销健康品，大家可能会接受。但假如一开始就说这是一场推销健康品的展销会，恐怕愿意参与的人就会很少。

变革性的科技会多大程度被接受

首先，我们可以以遗传科技为例。转基因农作物可以实现对某些特定疾病的防治，那么改造人类的基因肯定也可以消除一些遗传病的风险，或者大幅降低染上某些后天疾病的可能性。这样的行为是非常道德且符合伦理的。反对这样的事情，甚至可以被指责为对他人的生命不负责。那么，既然已经改造过基因了，如果通过基因可以发现，未来这个孩子有可能存在近视问题呢？既然已经改造过了，那就再改一改吧。如果视力得到了极大的改善，那么稍微提升一下认知能力也是可以接受的吧，不然看得那么清楚岂不是没有意义了？认知能力提升了，那么再提升智商也没问题吧？智力上来了，干脆再强化一下肌肉吧。就这样，一旦开了个头，后面不管怎样的结果似乎都变得没那么令人难以接受了。

逐渐得到接纳的改造人

尽管人体的机械化甚至人脑的电子化有些让人匪夷所思，但是如果对它的推广花费了一定的时间，哪怕只是短短的几年，也能很快得到社会的接受和承认。

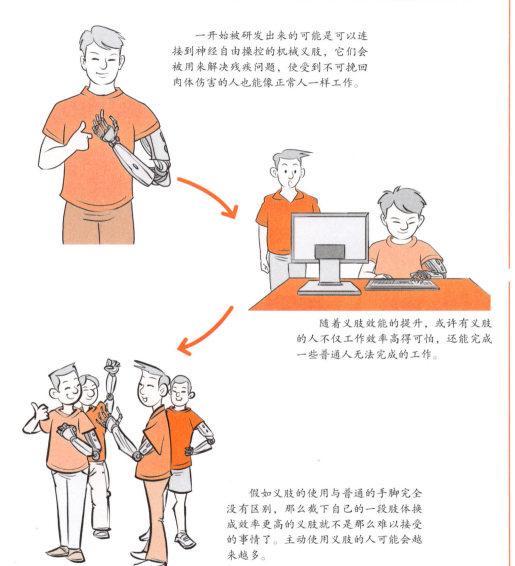

一开始被研发出来的可能是可以连接到神经自由操控的机械义肢，它们会被用来解决残疾问题，使受到不可挽回肉体伤害的人也能像正常人一样工作。

随着义肢效能的提升，或许有义肢的人不仅工作效率高得可怕，还能完成一些普通人无法完成的工作。

假如义肢的使用与普通的手脚完全没有区别，那么截下自己的一段肢体换成效率更高的义肢就不是那么难以接受的事情了。主动使用义肢的人可能会越来越多。

既然将肉肢换成义肢没有问题，那么进一步把一些其他器官换成机械的也无可厚非。如果这时出现了将大脑数字化还能保留人格的方法，那就没有什么犹豫的必要了。

预言的威力
过度放大的预期直接塑造历史

模糊的预言使人感到准确，准确的预言则导致预言失败。

装神弄鬼的预言

自古以来，人类就渴求通晓未来的能力。原始部落中自诩可以通神的灵媒，至今依然存在。3000 多年前，生活在黄河沿岸的人用龟甲或者兽骨预测未来，并将预测的内容和实际的结果刻在上面。

预言是一个严肃的工作，但是对于预言家们来说，这只是一个糊口的工具。模糊的描述可以使预言说中的概率提升，美其名曰天机不可泄露。尽管预言的方法得到了保留，但逐渐走出蒙昧的人类开始选择其他的预言方式。

近代的预言

随着确切的政治文件和经济数据的开放，近代化的预言成为可能。面对庞大的情报，近代的思想家们野心勃勃，决定勾勒出未来的蓝图。

近代最著名的预言，马克思的预言就是一个很好的例子。他认为，资本家的剥削最终将导致无产阶级革命，一种全新的、由工人主导的国家将会取代当时的资本主义国家。他有理有据的分析和直切要害的预言给世界政治带来了极大冲击。但是随着革命活动的开展，越来越多的国家开始重视他的理论。既然有了这样一个条理清晰的预言，那么为了改变预言的结果，只要改变预言中需要满足的条件就行了。于是工人逐渐有了政治话语权，他们的待遇也有了极大改善。社会主义国家彻底取代资本主义国家，似乎不再是一个正确的预言，因为预言中需要满足的条件已经被破坏了。

马克思的预言与现实

近代的预言正是由于其确切性，使其推导出预言结果的过程也变得可以操纵。可以操纵就代表着可以改变，可以改变则意味着预言的失败。现在来看，马克思与前人一样做出的更为模糊的预言——共产主义社会的预言，或许是个更准确的预言。因此在现代，最重要的并不是预言一个怎样的结果，结果是不可控的。我们需要预测的是未来的趋势。

马克思的预言

工人阶级工作和生活条件都十分艰苦。

工人阶级奋起反抗，实现社会主义，持续发展经济。

实际发生的过程

改善工人工作和生活条件。

工人与资本家合作，改良资本主义，持续发展经济。

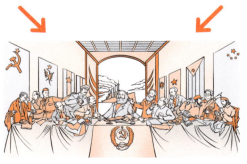

实现共产主义，物质资料得到充分提供，私有制的存在失去意义。

历史存在的意义

历史提供未来以可能性

研究历史并不是为了预言未来，而是为了提供选择。

对历史的误解

古代的基督教会曾经预言，终有一日，末日审判将会来临，信教者将升入天堂获得救赎，不信教的人将拥抱毁灭。

将神学取而代之的近代哲学中，也有类似的见解。例如，著名哲学家黑格尔认为，世界被巨大的意志所推动，正在前往一个确定的终点。黑格尔最优秀的徒弟马克思虽然批判了他的历史目的论，但又不自觉地继承了类似的观点。社会发展的过程是一个从原始社会抵达共产主义社会的过程，这样的观点在本质上也是目的论式的推断。但是如前所述，这种半预言的推论很难成立。

历史提供选择

那么，历史究竟会提供些什么给我们？答案是，可能性。古人云，以史为鉴，可以知兴替。所谓兴替，指的是历史的过程，而不是历史的规律。规律是不可扭转不可改变的，难道说人类只能看着自己被这样的规律玩弄吗？

并不是这样的。历史是一个丰富多彩的过程，通过理解这个过程，可以丰富未来的选择。依据现有的条件，我们可以分析出未来的趋势，但并不能据此做出断言。历史可以成为经验与参考，学习和了解历史也可以让自己不再重蹈覆辙，但它绝不会是一种能够决定未来的东西。

历史的参考意义

从历史中吸取教训，可以为人类带来进步。反之，想要利用历史创造一种神话，企图以此说明自己必定可以达到什么样的目的，只会迎来悲惨的失败。

资本家从马克思身上学到了资本主义的历史，他们随之改进了自己的国家制度，让世界得到了进一步的繁荣。如今，让每个人都有更大的消费能力，资本主义社会才能更好地运转。

黑人从奴隶贸易中了解了祖先们的悲惨境遇，还从革命的历史中学到了人权与平等，因此他们站起来要求一个平等的世界。

日本在第二次世界大战之前曾经固执地认为，自己在将近3000年的漫长历史中没有输过一次战争，因此肯定不会输掉战争。他们将神话当作历史，坚持认为自己是神的子孙，那么肯定有领导世界的义务。为了领导整个亚洲与太平洋，他们展开了漫长的侵略战争，最终迎来了可耻的失败。

从一块草坪看历史
当草坪不再是"身份的象征"

原本，草坪是身份与地位的象征。慢慢地，它成了西方独栋房屋的标配。

从贵族到平民

　　草坪诞生于中世纪。由于草坪需要大片大片的土地，需要大量和稳定的供水，还需要定期的人工修剪才能保持绿色、美观，在接下来的几百年里，它一直是封建贵族的观赏玩物，甚至到后期逐渐演变成这样一种事实：草坪成了一种身份的象征。脆弱的草坪很难经受长时间的践踏，因此很多时候只有在社交场合才会使用草坪。

　　到了近代，尽管革命推翻了旧王朝，但是旧王朝的建筑却被用于新政府的办公场所。草坪理所当然地得到了继续维护，而养护私家草坪也逐渐成了资产阶级新贵族的习惯。随着中产阶级的扩大，拥有草坪的家庭越来越多。一些东方国家在模仿和学习西方的过程中，也学到了栽培草坪这样一种既不经济又不实惠的绿化手段。

走出墨守成规的古板印象

　　正如兴起于欧洲的草坪一样，人们对于追求"什么才是身份的象征"这种开放性的问题，很多人都会下意识地给出相似的回答，那多半是历史在作祟。除了草坪以外，汽车之类的也一样。大多数人过着固定的工作生活，周末不出远门的话也并不需要私家汽车，偶尔旅游完全可以选择租赁服务。前期因为生产力的原因，汽车只有少数人才可拥有，因此汽车也被当作上流社会的象征，随着工业革命的发展才走入了中产阶级的家门。但是随着公共交通条件的改善以及服务业的发展，它对于许多人来说其实并不是不可或缺的东西。

　　所以，人们在思考人类社会的问题时，如果想摆脱历史的束缚，就应不断反思自己的思维方式是否在阻碍自己的思维拓展。

固有思维的束缚与反思

历史会带来许多固有思维。包括日常生活习惯在内，其实人可以有更多不一样的选择。在了解历史的过程当中，我们可以知道为什么我们会是现在这个样子。明白了为什么，就可以摆脱它们的影响，给自己更加开放的选择。

草坪与选择

种一些珍奇的植物甚至蔬菜，同样可以达到绿化的效果。

反向思维

固有思维　西式独栋房屋的门口，草坪已经是标准配置，有它才显得有身份。

甚至可以开挖水池，养一些水生生物，使庭院更具生机。

挣脱枷锁

摆脱历史的束缚，可以使人不再受到伦理的束缚。科技的突破总是伴随着伦理的争议，而对人的改造则更会成为争议的核心。反思自身思维定式产生的历史因素，可以让自己更容易接受未来人类的模样。

第四章
人类角色的转变

人类彻底改变地球规则
人类独自改变全球生态

人类已经进化到了地球上没有任何物种可以与之抗衡的地步。但事实上这种进化之路并非外表看上去那么光鲜亮丽，这一路伴随着其他物种最后的哀鸣。

物种灭绝

由于人类以个人喜好为标准的选择，地球上的物种比例正在产生巨大的改变。目前世界上的家鸡数量约有 200 亿只，而企鹅只有 5000 万只左右；全球约有 20 万头野狼在野外活动，而家犬数量却高达 4 亿；猫科动物中，家猫以 6 亿只的数量远超狮子 4 万头的数量。地球物种已经到了一个相对贫乏而温顺的时代。目前，全世界只有四种体重达到或超过 1 吨的大型陆地动物：大象、犀牛、河马和长颈鹿。

第六次灭绝

在地质史上，生物经历过五次自然大灭绝，现在物种灭绝速度比自然灭绝速度快了 1000 倍，地球正在进入第六次大灭绝时期。这次灭绝事件的一个主导因素是人类无限制的扩张欲望，生态环境系统受到破坏。

以渡渡鸟为例，它是一种不会飞翔、呆头呆脑并且缺乏快速奔跑能力的鸟。17 世纪 80 年代，渡渡鸟成为海滩游客们钟爱的玩物和猎捕目标，于是不久之后渡渡鸟就灭绝了。1775 年，最后一只渡渡鸟标本也因为发霉，被扔到了火里。虽然自 1970 年以来人类有意识地保护着生态，但是野生动物族群仍旧减少了有一半之多。从 1980 年到 2009 年，欧洲野鸡的数量在 20 亿只的基础上减少了五分之一，全球大型动物物种中超过 90％ 被人类和家畜占据。

物种的灭绝

如果要选一种生物来照料宇宙中的生命，从目前的情况来看，人类具有这样的资质，但是却缺乏相应的责任感。

20 世纪灭绝物种（部分）

时间轴不按比例（单位：年）

昆士兰毛鼻袋熊、圣诞岛虎头鼠，1900 — 1900
澳米氏弹鼠，1901
澳洲白足林鼠，1902
南加利福尼亚猫狐，1903
纹兔袋鼠，1906
西袋狸，1910 — 1910
北美白狼，1911
卡罗来纳鹦鹉、北美旅鸽，1914
基奈山狼，1915
佛罗里达黑狼，1917 — 1950
马里恩象龟，1918
新墨西哥狼、堪察加棕熊，1920 — 1920
中国犀牛，1922 — 1940
澳豚足袋狸，1926
澳花袋鼠，1927
新南威尔士白袋鼠、澳巨兔袋狸，1930 — 1930

1997，亚欧水貂
1987，危地马拉䴙䴘
1980，爪哇虎、西亚虎
1972，中国台湾云豹
1970，得克萨斯红狼
1964，墨西哥灰熊
1950，喀斯喀特棕狼
1948，亚洲猎豹
1944，大海雀
1940，巴基斯坦沙猫、东袋狸
1937，巴厘虎
1936，澳洲袋狼
1933，澳洲塔斯马尼亚狼

根据《世界濒危动物红皮书》统计，20 世纪，有 110 个种和亚种的哺乳动物灭绝，有 139 种和亚种的鸟类灭绝。最近的物种红色名录中已经有 15589 个物种受到灭绝威胁。

蠢萌的渡渡鸟

渡渡鸟灭绝于 1681 年。据说，要是你想找出附近所有的渡渡鸟，你只需抓住其中一只，然后让它不停地鸣叫，其他鸟因为按捺不住内心的好奇，都会摇摇摆摆地跑到跟前来看发生了什么事。

渡渡鸟想象图

只属于人类的时代

人类世

地质学家们将地球经历的不同地质时期划分为四个宙，宙下设代，代下设纪，纪下设世。按照这个标准来说，我们处于全新世。但考虑到人类对其他物种、气候等的影响，将过去的 7 万年称为"人类世"则更恰当。

人类世概念的提出

将人类真正登上历史舞台的时期称为"人类世"的主要原因在于，在这 7 万年中，人类成了影响全球生态变化最显著的唯一的因素。在物种百万年的演变历程中，从没有过像智人这样可以对其他物种产生如此巨大影响的物种。物种灭绝事件在生命长河中时有发生，但由某一物种引起的灭绝事件却从未听说过。这些可能的原因多半是气候变化、火山运动、地壳变化以及小行星撞击等等。人类却在第六次物种灭绝事件中扮演了重要角色，成为决定其他物种去留的关键因素。

地质年代划分

地质年代划分曾经历过一段非常混乱的时期。地质学刚兴起的时候，地质年代被分为第一纪、第二纪、第三纪和第四纪，不过由于过于简单很快被淘汰了。查尔斯·莱尔用"世""段"来表述恐龙之后的时代，其中有更新世、上新世、中新世和渐新世。越复杂的地质年代具有越复杂的等级结构。一般来说，地质年代被划分为四个宙——冥古宙、太古宙、元古宙、显生宙，宙下设代，代下设纪，纪下设世。

人类的时代

生物大灭绝事件的发生相间数百万年，导致因素大多是自然不可抗因素，像小行星撞击地球这种事情的发生概率小到可以忽略不计。

物种灭绝的原因

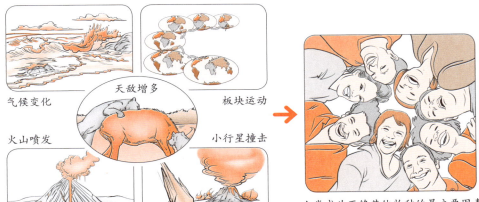

气候变化

天敌增多

板块运动

火山喷发

小行星撞击

人类成为灭绝其他物种的最主要因素

人类对于其他物种的影响已经达到了板块运动及小行星撞击同样的影响力。近 7 万年，由于人类影响作用显著而被称为"人类世"。

地质年代

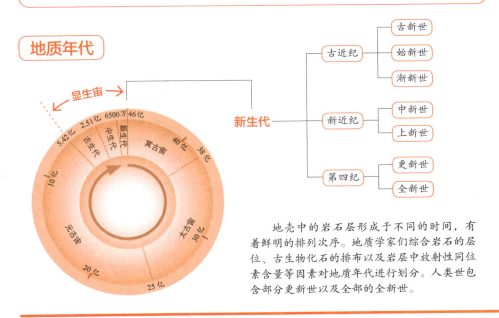

显生宙

古近纪 — 古新世 / 始新世 / 渐新世

新生代 — 新近纪 — 中新世 / 上新世

第四纪 — 更新世 / 全新世

地壳中的岩石层形成于不同的时间，有着鲜明的排列次序。地质学家们综合岩石的层位、古生物化石的排布以及岩层中放射性同位素含量等因素对地质年代进行划分。人类世包含部分更新世以及全部的全新世。

人类与动物的差距

动物适应规则，而人类制定规则

> 人猿相揖别。只几个石头磨过，小儿时节。铜铁炉中翻火焰，为问何时猜得？不过几千寒热。
>
> ——毛泽东《贺新郎·读史》

智能设计的出现

智人的出现改变了物种进化的规则，一定程度上人择代替天择的现象对其他物种的进化产生了重大影响。对人类有利的物种往往被大量繁育以满足人类的需求，而威胁到人类财产安全的物种则被严格限制在一定范围以内。

人类在过去 7 万年间对于地球的改造程度完全不亚于冰川与板块运动，究其原因，除了人类本身具有的与其他生物相似的影响作用外，人类的智能设计起到了与自然选择等同的作用。另外，人类能够通过智力活动与体力劳动制造出新的产品，从文化到科技，从建筑到人造卫星。人类有其他任何物种难以比拟的优越性。

突破生态区

在过去的时间里，由于地球大陆本身的不连续性，地球的生态系统总是包含许许多多小的生态系统，动植物往往分布在特定的区域内。板块运动造成了这种相对的隔绝，物种也往往在不同的环境中进化出不同的特征以适应不同的环境挑战。

在人类世，地球上空前地出现了单一的物种生态系统，即使大洋洲与亚欧大陆相隔甚远，人们依旧可以打破空间隔阂，进行不断的交流与融合。交通工具从船只到飞机，全球交流密切而稳固。

人类的优势

人类世并不是最近几个世纪才出现的，早在几万年前，石器时代的智人祖先就开始走出非洲，涌向四面八方的广阔天地。人类的习性被带往世界各地，人类凭借其灵活性以及智力上的优势开始抢占地球资源。

智能设计

人类通过自身喜好选择培育出不同品类的犬种，如猎犬和观赏犬等。同时，人类通过科技研发制作出新的产品，如电子设备、楼房建筑等。人类通过智能设计大大改变了世界原来的模样，成为人类区别于动物的最主要因素。

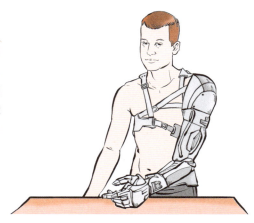

打破生态区隔阂

智人祖先消灭了其他人科物种以及全球大约 50% 的大型陆地哺乳动物。大型动物的灭绝不难理解。以猛犸象和兔子为例，猛犸象等大型动物往往繁衍速度比较慢，而兔子则一逮着机会就大量繁衍。因此，即使捕杀很少量的大型动物，这于它们来说往往也是很难恢复的。

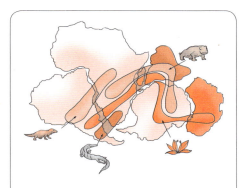

由于远古生物缺乏远距离移动的能力，因此科学家可以通过古生物化石复原古大陆形状，形成了后世的板块构造学说。

随着科学技术的发展，地形阻隔已经很少再能为难到人类的步伐，地球上的人类更像住在"地球村"一样，造就了单一生态区。

人类曾经的"悲悯"
泛灵论让万物皆有话说

　　远古的狩猎者们认为人是可以同周遭万物进行交谈的，整个世界都遵循着相同的规则：对于任何事情都需要通过不断协商才能有望解决。这种想法对于身处工业社会的你我来说绝对称得上不可思议、匪夷所思，我们大多数会认为，动物与人类大不相同，动物是低等的。

林中猛兽

　　印度南部热带森林中的纳雅卡人保留着狩猎采集的生活方式，他们在丛林中遇到老虎、蛇等危险动物时，第一时间想到的是和动物进行交谈，尝试通过说理的方式，说服危险动物放自己一条生路。纳雅卡人认为自己与野生动物同住在丛林之中，都需要获得食物，但自己只需要根和块茎等食物，并不会伤害凶猛动物，所以凶猛动物会放过自己。所以在林中遭遇猛兽时，他们不会选择逃跑，而是和猛兽进行"推心置腹"的交谈。

"伤心的"大象

　　曾经有一头大象杀死了一位纳雅卡人，印度官方想要抓住这头大象，但纳雅卡人并不支持这样的做法。在纳雅卡人看来，这头大象是因为伤心才变得暴躁。因为这头大象曾经和另一头大象关系很好，但是有一天那头大象被抓走了。纳雅卡人认为，不应该再抓走这一头大象，这样做对大象来说实在是太残忍了，应该原谅它，给它自由。

泛灵论

泛灵论又称万物有灵论，持这一理论的人认为天下万物皆有灵魂或自然精神，自然现象与精神深深影响着人类的行为，因此鸟兽虫鱼及花草树木和人类一样，具有同样的价值与权利。

泛灵论与宗教信仰紧密结合

萨满单鼓

在人类历史的长河中，偶像崇拜一直是重要的组成部分。古人相信神灵的存在，甚至连草木都可幻化成人。其中有许多习俗延续至今，萨满单鼓就是一个例子。萨满被认为可以沟通神灵与人，在祭祀等活动中更是扮演着极为重要的角色。在满族萨满的单鼓活动中，鼓与腰铃并用，使用神鼓和腰铃请神、颂神、送神以及驱魔逐妖。

儿童泛灵论

儿童在心理发展的某些阶段也存在着泛灵论的特征。儿童由于在认识对象以及解释因果方面欠缺经验，容易把无生命的物体看作是有生命、有意向的。

4到6岁的儿童，把一切事物都看成和人一样，常把玩具当作活的伙伴；6到8岁的儿童，把能活动的事物都当作是有生命；8岁以上的儿童，把有生命的范围限于自己能活动的东西。

人是谁的孩子

伊甸园与各种神造人的故事

工业社会的人不能顺利接受泛灵论，就在于在宗教经典《圣经·旧约》中，一开始就对泛灵论进行了打压。

与蛇交谈的人

伊甸园中，亚当和夏娃以采集为生。他们听信了蛇的话偷食禁果，被逐出伊甸园。只可以"从地里得吃的"，这像极了人类的农业革命。《圣经》故事里，人是优于其他物种的，其他物种无论动物还是植物都不具备与人类同等的地位，因而也不具备和人类交谈的条件。

夏娃与万物之母

关于亚当和夏娃的故事有多种解读，其中一种具有独特的穿透力。在闪米特人（亦称"塞姆人"，在《创世纪》中称其为挪亚，为长子闪米的后裔）语言中，"Eve"（夏娃）意为"蛇"，并有"雌性蛇"的意味。在夏娃这一名字中，蕴含着蛇非但不是我们的敌人，而且是众生之母的意思。

许多接受泛灵论的人认为，人是某种爬行动物的后裔。在中国神话传说中，人类祖先女娲就是一位人首蛇身的女神；阿兰达人和狄埃里人认为本族起源于原始的蜥蜴或者蛇。《创世纪》的作者使用"Eve"留下了古老的泛灵论的影子，但《创世纪》正文则说明人是由耶和华用地上的尘土捏造出来的。泛灵论将人类与动物等同，即是否定人是由上帝专门创造的。

"神灵"的杰作

在世界各地，流传着多种多样关于人类起缘的故事，其中大部分将人类归结为神灵的创造物，拥有与其他物种不同的地位。

亚当和夏娃

在基督教的教义中，上帝创造了万物，在第六天的时候创造了亚当和夏娃。亚当和夏娃因为听信蛇的话，违背了上帝的意旨，被逐出了伊甸园。

著名的神造人观点（部分）

中国创世神话	盘古开天辟地，人首蛇身的女娲用泥土造人。
印度传说	梵天创造了人。梵天用头造出了婆罗门，用胳膊造出了刹帝利，用腿造出了吠舍，用脚造出了首陀罗。
希腊创世神话	神用地球内部的土与火，创造了人类，并赋予人类个性和智慧。
澳大利亚传说	创世者在树皮上用泥土造出一个人形，朝他们吹气，这些小人就活了。
印第安人传说	大地开创者在创造了树木鸟兽之后，用暗红色的泥土掺水，做成一男一女。
玛雅传说	造物主特拍和古库马茨用泥土造了一个不完美的人后，不满意打碎又重新造出了可以繁殖、有思想、会说话的人。
阿拉伯创世神话	上帝派阿兹列创造人，他造出泥人后，上帝给了他们生命，并赋予他们理性的灵魂。
达雅克人传说	天神命令萨拉潘代到地球上造人，他分别用石头和铁造人失败后，用泥土造出了人。

人与动物关系的新阶段
被人类创造出来的全新生命形式

自然选择是生物进化的基础。而在农业社会出现之后，这种进化机制也发生了极大变化，人择作用在生物进化中起到了越来越显著的作用。

驯化家畜

人类在进入农耕时代之后，导致了一大批生物的灭绝，但同时也助长了另一批动物的繁荣，即家畜。刚开始的时候，驯化的家畜只占动物总量很少的一部分。而发展到 21 世纪，在相对稀少的大型动物物种中，驯化的家畜占到了 90% 的比例。

对于驯化的动物来说，它们获得了野生动物无与伦比的优越性，几乎吃穿用度从来不愁，甚至贫困地区的人都不得不感叹自己的经济地位可能还比不上人类驯化的某些家畜。但驯化的动物却也失去了一部分自由，比如情感上、空间上的自由，以及极大程度上被人类当作食物的可能。

定向选择

定向选择是一个生物学用语，指生存环境的方向性选择（自然选择）或品种的人工定向选择。虽然家畜被人类培养了近万年，但在这些动物体内仍旧保留着更为原始的基因，似乎并没有因为穿上了棉麻衣物而发生本质改变。它们的身体本能以及情感冲动都是为了适应进化压力而产生的。驯养改变了它们所能遇到的自然压力，但却没能改变它们的情感以及生理需求。比如，即使受过严格训练的狗狗，仍然会受天性驱使找树桩一类的地方撒尿，被剥夺幼崽的雌性动物仍旧会哀号不已。除了家畜之外，人类同样保留着原始时期深层的感官和情感构架。

温顺的动物

经由人类的驯化，动物的习性发生了很大变化。但比起这种变化，动物物种以及群体总数的变化则更大。受到人类驯化的动物在人类的保护下，躲避了天敌的攻击，拥有丰富的食物、丰腴的体形，取得了进化上的伟大胜利。

全球大型动物数量对比

在体重超过几公斤的动物中，家畜占有7亿吨，超过人类以及野生大型动物。进化论认为，所有动物的最终目的只有一个：生存和繁衍。从这一点上来说，家畜取得了进化上的伟大胜利。只是家畜的需求真的只有这么点吗？如果让它们选，又会有怎样的结果呢？

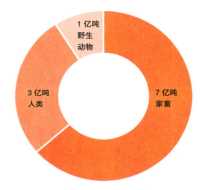

1亿吨野生动物

3亿吨人类

7亿吨家畜

全球大型动物数量对比图

驯养家畜

人类养猪，是为了得到猪肉；养宠物狗，是为了得到宠物狗的陪伴。它们都有被人类强制性需要的境遇。驯化的动物获得了丰富的食物、安逸的环境，但往往也获得了另一个天敌——人类。自然界的动物往往不会自行阉割，而驯养的宠物则往往躲避不了这样的命运。野猪常常为了食物而担忧，但家猪总是需要贡献崽子或自己的肉。

宠物狗喜欢找树桩一类的地方撒尿。

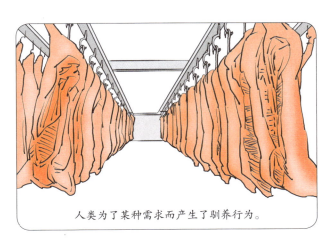

人类为了某种需求而产生了驯养行为。

被"饿怕了"的基因

当代人类身上祖先的影子

为了适应生存和繁衍的进化压力，动物进化出了本能、冲动以及情感。但即使进化压力减小，这种冲动与情感仍不会立即消失。

人类为什么钟爱甜食

农业一时之间改变了自然选择的压力，但由自然选择而产生的更深层次的行为却没有丝毫改变。比如人类对于甜食的独特爱好。事实上人类没有必要摄取大量的甜食，而且这种食物还容易引起疾病。但人类就是偏爱这种食物，即使在有饱腹感后仍然不能放弃再来点甜食的欲望。

这种习惯开始于石器时代，我们的祖先如果看到香甜的水果或者蜂蜜，总会尽可能多吃一些，这有利于保存更多的能量。在物资匮乏时代，保持足够的能量至关重要。吃得越多越快的先祖更有可能活下去，将基因传递下来。

野蛮的基因

人类几乎所有的行为都可以从进化的角度加以解读或者解释，人的每一个动作几乎都存留着祖先的影子。比如年轻人身上表现出的易怒、鲁莽、具有攻击性的行为，都保留了远古时期的行事规则。这对于远古人类的生存很有意义，不过这些行事方式在今天并不一定利于收获姑娘的芳心，有时甚至会有反作用。

进化仿佛在告诉万物，时代真的变了，虽然个体身上仍旧需要一些莽撞的精神，但也必须做出相应的改变，才更有利于完成生物进化的最终任务。

先祖的痕迹

基因是生物体内最稳定的因素，其最根本的任务是存活下去。

古老的基因

人类遗传了远古人类的多种行为习惯：对于黑暗的恐惧让人类在天黑后寻找安全的避难所；大男子主义有助于在争夺配偶时获得更多的优势；甜食的爱好让人类可以积累更多的能量，在食物短缺时更容易存活下来；特殊地区人类进化出的对牛奶的吸收能力，扩大了人的食物范围；情感需求让基因得以稳定延续。

有关于胡子的博弈

进化压力于家畜来说着实减小了不少，但于人类来说则有增无减。男女比例失衡造成的进化压力，也使得现代人颇伤脑筋。

在远古时期，体毛旺盛往往意味着身体健壮，拥有更多生存下去的机会，更容易将自己的基因传递下去。

现代社会，面容干净被认为是一种有修养的表现，更容易获得异性的青睐，所以更多人选择及时刮掉胡须。

情感与算法的相似性

哺乳动物存活的秘密

很少有人认真地将生物与算法放在一起考虑，其实人类社会的产物与大自然的产物有一定程度上的相似性。

悲伤的母猪

从动物饲养员的角度考虑，如果动物的某种需求得不到满足，动物可能陷入某种非正常的状态，比如哀鸣、咆哮或者抑郁等。被剥夺了新生猪崽的母猪通常会陷入一种抑郁的状态中，进食下降，出现严重的绝望症状。

动物的这种情感表现并不必要赋予其与"人性"等同的考量，但的确是哺乳动物共有的"哺乳动物性"——一种对于情感的需求。这种情感因素是哺乳动物生存和繁衍能够顺利进行下去的关键。一般来说，哺乳动物的幼崽缺乏独立存活的能力，需要母亲的保护；也正是这种对幼崽的保护，使哺乳动物顺利将自己的基因遗传了下去。

情感与算法

情感作为保障基因传递下去的一种机制，与算法连接原始数据与最终结果的机制有极其相似之处。算法是指经过运算最初输入的数值而得出最终结果，解决问题满足需求的一系列过程。比如将硬币投入自动售卖机，最终得到自己想要的商品这个过程一样。投入硬币，售卖机接受指令，按照先前设定的程序吐出商品以及找零。

售卖机是一种算法，人在售卖机前买东西也是一种算法；前者通过机械齿轮和电路进行运转，后者则通过运动系统、感觉及思想等运转。

情感是另一种形式的算法

哺乳动物中普遍存在的情感，保证了幼崽得到适当的照顾，以及求偶、交配等需要，使动物能够顺利将自己的基因传递下去。这种情感机制与算法的运算机制极其相似，甚至可以说情感就是另一种形式的算法。

情感保证稳定的遗传

幼崽出生后，不能给予幼崽适当保护的哺乳动物往往很难将自己的基因传递下去。

情感的存在能够保证幼崽得到相应的保护，是保证基因顺利传递下去的关键。

算法带来稳定的结果

动物行为可能发生改变，但情感并没有改变。正如不同的运算可能产生不同的结果，但算法本身却没有改变。

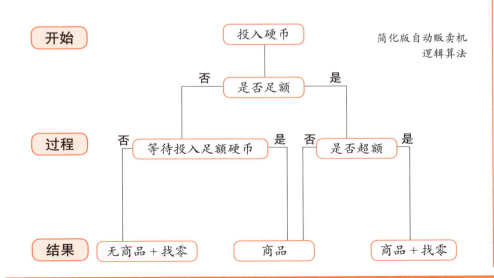

简化版自动贩卖机
逻辑算法

开始　→　投入硬币

否　是否足额　是

过程　否　等待投入足额硬币　是　否　是否超额　是

结果　无商品＋找零　商品　商品＋找零

燃烧的欲望

感觉、情感和思想运作下的算法

　　理解最终促使动物做出某种行为的算法并不容易，因为它不像人们以往对于算法的理解。控制行为的算法是通过一系列微妙的激素调节，从而产生某种最终呈现的感觉来实现的。这种反应来得快，几乎在一瞬间就能捕捉到所有关键的信息，与此同时得出运算结果。

香蕉还是生命

　　如果大猩猩想要得到一根香蕉，外人可能一眼就能看出来它是否得到了香蕉，但大猩猩对这一过程的逻辑判断却没有看上去那么简单。首先大猩猩需要权衡获益与风险，是否值得为了一根香蕉而将生命作为赌注。通常情况下，一定没必要冒此风险，但如果大猩猩得不到这只香蕉就会饿死，或许它还是会孤注一掷，以换取渺茫的生存希望。

权衡变量和概率

　　不过对于这一结果的实现并不是在大猩猩的头脑中出现了是否的选项，而是在看到香蕉的那一刻起，它的身体已经做出了运算。大猩猩需要权衡获得香蕉的众多变量，但它并不会掏出笔记本进行计算，它的整个身体就是它的运算器。大猩猩身上的激素比例反映了这一过程。如果大猩猩经过运算后认定非得到香蕉不可，那它就可能忽然间毛发直竖、肌肉紧绷，运动系统为这一搏做好了准备。当然，大猩猩也可能陷入犹豫不决或者胆怯退让的状态。

复杂的生物算法

算法指的是计算时采用的方法，而不是单指某次计算。因此将生物在面对各种刺激时做出种种表现的内在机制归结为生物算法，就显得合情合理。

快速而精准的运算

生物体内的运算并不能用文字或者数字表述出来，它们转化成了生物体内熊熊燃烧的欲望，转换成比较时髦的语言就是"感觉对了最重要"。感觉与情欲成为一种高明的运算结果，兵不血刃，高下立见。

包含配偶、事业以及住处在内的重要抉择，其中 99% 早在人类动脑思考之前就已经决定了。我们进化出了这种有利于自我的算法处理系统，这个处理系统的最直接结果就是我们的感觉、情感以及欲望。

天啊，那尾巴可真漂亮！能带着那么大的"累赘"还没有被猎人抓走，真是太厉害了。真是不经意间就被吸引了，和它在一起一定可以孕育出健康、基因良好的小孔雀。

母婴联结

哺乳动物中与食物同等重要的情感

　　母亲与孩子之间的情感对于孩子的成长以及人格形成发挥着至关重要的作用。这是哺乳动物所共有的一种核心情感。

疼爱后代的母亲

　　哺乳动物（mammal）一词的词源来自于拉丁文的乳房（mamma）。哺乳动物的母亲情愿让后代从自己身上吸取营养，它们不愿离开幼儿；而动物幼儿也离不开母亲，它们需要母亲提供的能量和保护。

　　20世纪上半叶，人类对父母和子女之间的关系发出了挑战。当时美国的父母们认为，子女和父母之间的关系主要是由物质基础决定的。子女之所以会依赖父母，只是因为父母提供了温暖的住所、医疗、照顾等等；父母不应该经常抱孩子或者亲吻他们，因为这种行为会宠坏孩子。

小猴的两个"母亲"

　　20世纪五六十年代，心理学家哈里·哈洛将出生不久的小猴关在笼子里进行实验，笼子中有一只钢铁铸成但有奶瓶的假猴子，以及一只没有奶瓶但裹着绒布的假猴子。实验发现，小猴子会选择在"钢铁猴子"处吮吸奶水，但会在"绒布猴子"处休息。

　　动物需要食物，但同时需要情感联络。经过几百万年的进化，动物包括人在内，对于情感联络的需求有增无减。没能得到情感互动的小猴长大后出现了严重的社交方面的困难，变得神经质以及反群体化。

需求层次理论

需求层次理论是美国心理学家亚伯拉罕·马斯洛于1943年在《人类激励理论》论文中提出的。马斯洛认为，人类需求像阶梯一样从低到高分为五个层次：生理需求、安全需求、社交需求、尊重需求和自我实现需求。

亚伯拉罕·马斯洛

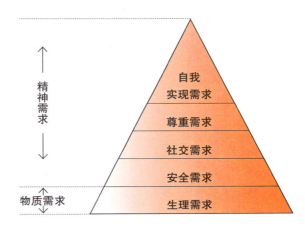

精神需求

物质需求

自我
实现需求

尊重需求

社交需求

安全需求

生理需求

自我实现需求 —— 道德、创造力、自觉性、问题解决能力、公正度、接受现实能力

尊重需求 —— 自我尊重、信心、成就、对他人尊重、被他人尊重

社交需求 —— 友情、爱情、亲情

安全需求 —— 人身安全、健康保障、资源所有性、财产所有性、道德保障、工作职位保障、家庭安全

生理需求 —— 呼吸、水、食物、睡眠、生理平衡、分泌、性

在自我实现需求之后，还有自我超越需求，这是一个较为模棱两可的概念，通常不作为马斯洛需求层次理论中必要的层次，大多数情况下会将自我超越合并至自我实现需求当中。

剥削者的自圆其说

宗教中人类、农作物与家畜之间的关系

现在的畜牧业以及农业将动物的情感剥离，小动物有可能终生都未曾喝过母亲的乳汁。在泛灵论的观点下，万物皆有灵性，可以与之交流，人与万物平等。不过随着农业社会的出现以及发展，动物的地位就不断地降低了。

由来已久的动物剥削

在早先的犹太教中，农牧活动成为宗教活动的中心。这些远古的历史可以从流传下来的节日中窥见一二。许多人可能觉得古犹太会堂与现代肃穆的犹太会堂一样，但事实上真实的古犹太会堂更像是一场烧烤盛会。信徒们赶着羊群、牛群、鸡群等远道而来，声音嘈杂；若想让别人听清你的话，你非得扯着嗓子才有可能撕破盘桓的嗡嗡声。喷香的烤肉味与新杀牲畜的血腥味混杂在空气中，这才是更真实的耶路撒冷古犹太教大会堂。

有神论下的农业经济体制

有神论与农业经济体制的革新关联甚密。有神论的宗教将人的地位拔高，并创造出了神，其他万物被认为只是具有某种装饰性的作用，与人有着本质的区别，它们为了人和神而存在。有些动物被认为具有某种神性，所以某些神具有动物的特征，但人们屠宰动物时绝不会将这些动物看作是某种神灵。

有神论建立于较为发达的农业文明时期，人类有能力驯养动物以满足自己的某种意愿。而在较为早期的泛灵论时期，人类不具备这种优越性，所以将万物都视为有灵性的存在，试图与其协调共存以满足自身生存需要。

农耕时代人与万物的关系

人们通过不断地实践驯化了多种野兽，使它们变成了人类稳定的肉、蛋、奶的来源，同时由于人类不必再与万物协商，因此演化出了新的人与万物的关系。

先后被驯化的家畜

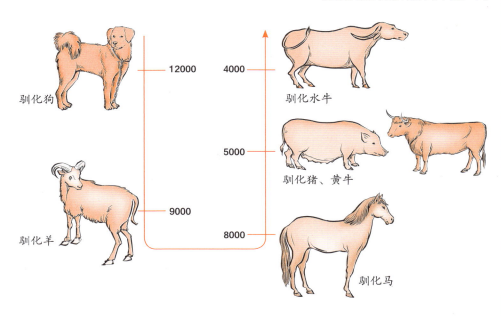

驯化动物距今大体时间（单位：年）

- 驯化狗　12000
- 驯化羊　9000
- 驯化水牛　4000
- 驯化猪、黄牛　5000
- 驯化马　8000

人类驯化动物的方式

直接驯化
- 在动物发育早期，动物幼崽可塑性较高，驯化难度较小，驯化程度较高。
- 利用动物的某些条件反射，对动物群体进行整体性驯化，使其产生一致性行动。

间接驯化
- 利用同种或异种动物之间的相似性进行驯化，如利用驯化后的狗来驯化小狗。

为人类而专设的有神论
让万物沉默的借口

在有神论的世界里，人类成了中心，整个世界的规则都围绕着自己而设立，宇宙围绕着自己转动，就连神有时也得向人类妥协。在有神论的世界里，人和神都被"神格化"了。

神赋予了人与众不同的地位

在世界各地的创世传说中，人都处于一种与其他万物不同的地位，这为人类剥削动物提供了名正言顺的理由。在基督教教义中，上帝只给了人类灵魂，并没有给动物这份殊荣。因此通常情况下它们不能说话，只能处于从属地位。人类是上帝创造的最伟大的作品，其他的生物都只能是装饰性的，是为人类和神服务的。因此剥夺它们的肉用来满足人类的口腹之欲就变得名正言顺了。

人与神之间的契约

在有神论的世界里，所有非人类都是沉默的，不能通过协商使对方达到自己想要的结果。于是，这种诉求就被加了神的身上。人类向神祈祷风调雨顺、五谷丰登、人丁兴旺、禽畜无灾……作为回报，人类为神敬献祭品。诸神负责保护人类的产业，而人类负责供奉诸神。这笔虚妄的交易同时满足了人和神的需求，但却是以动物的痛苦为代价的。不过人类不会在乎动物的痛苦，因为在有神论的世界里，这是动物最正确的归宿，即为人服务，为神服务。

人类话语权不断扩大

人类在演化的过程中逐渐成为一种超级管理员，将所有可以被利用的动植物都变得缄口不言，而人类则成为此后世界唯一掌握话语权的存在。

人与神的契约

随着生产能力的提高，人类发展出了新的契约关系。在这个新的关系中，人和神的角色被凸显出来：人向神提供供品以供神灵享用；而神灵则保护人类风调雨顺，庄稼丰收，牲畜兴旺等。

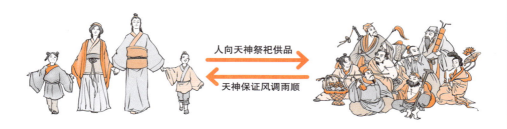

人向天神祭祀供品

天神保证风调雨顺

超级管理员

人类在历史的变迁中逐渐成为拥有更多话语权的参与者，最后演变为"群主"，禁止群内除自己及神明外其他所有成员发言，它们只能任人宰割。不过神明的地位在后来也变得不太乐观。

和神做个交易
毁天灭地的大洪水

神话故事对于祭祀普遍进行过微妙的处理，在故事中表现出对人类独特地位的肯定，以及对于非人类的贬低。

《吉尔伽美什史诗》中的洪水故事

《吉尔伽美什史诗》是目前已知的世界上最古老的英雄史诗，其中记录了一件众神发怒用洪水淹没土地的事情。愤怒的众神意气用事，发动了洪水，淹死了能为其提供供品的人类，结果众神就只能忍受因饥饿而产生的痛苦。幸运的是，人类乌特纳比西丁和自己的亲人以及众多动物在一艘木质的大方舟中存活了下来，乌特纳比西丁从方舟中走出来后将干净的牲畜献祭给诸神，诸神蜂拥而至。《圣经》中也有对于洪水的记载，但写成时间比《吉尔伽美什史诗》晚了约 1000 年。

洪水故事带来的启示

从传统意义上来说，洪水故事证明了人类与众不同的优越性。若是没有人类建造出的方舟，动物是难以在洪水中存活的，显示了动物的从属地位。人类建造方舟的行为是为了保护人类以及神的利益，非人类的价值只在于为人类服务，它们为了人类的需求而存在。

当然这个故事也可以放在后来的社会中加以解读。我们作为一种有着独特地位的人，有义务保护其他的动物，否则不但会损害人的利益，而且会损害神的利益。

大洪水传说

世界多个民族都有大洪水的传说，例如美索不达米亚、希腊、印度、中国、马雅等文明的故事中，都有洪水灭世的传说。世界不同民族的大洪水传说，虽然细节不同，但却有不少共通点，成为一种特殊的全球文化现象。

著名的大洪水传说

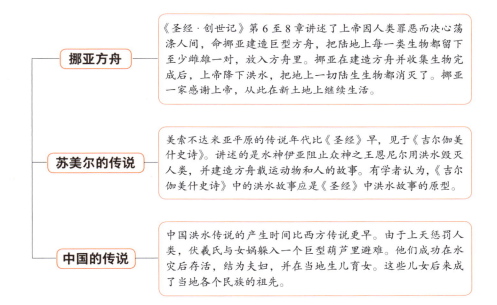

挪亚方舟 —— 《圣经·创世记》第 6 至 8 章讲述了上帝因人类罪恶而决心荡涤人间，命挪亚建造巨型方舟，把陆地上每一类生物都留下至少雌雄一对，放入方舟里。挪亚在建造方舟并收集生物完成后，上帝降下洪水，把地上一切陆生生物都消灭了。挪亚一家感谢上帝，从此在新土地上继续生活。

苏美尔的传说 —— 美索不达米亚平原的传说年代比《圣经》早，见于《吉尔伽美什史诗》。讲述的是水神伊亚阻止众神之王恩尼尔用洪水毁灭人类，并建造方舟载动物和人的故事。有学者认为，《吉尔伽美什史诗》中的洪水故事应是《圣经》中洪水故事的原型。

中国的传说 —— 中国洪水传说的产生时间比西方传说更早。由于上天惩罚人类，伏羲氏与女娲躲入一个巨型葫芦里避难。他们成功在水灾后存活，结为夫妇，并在当地生儿育女。这些儿女后来成了当地各个民族的祖先。

大洪水传说的共性

《国际标准圣经百科全书》第 2 卷第 319 页中提到："几乎所有民族、部族都有洪水的传说。虽然最广泛流传的地区是亚洲大陆及其南面的岛屿，以及北美洲，可是各大洲都发现有洪水传说。已知的洪水传说总数多达 270 个左右。"这在一定程度上从宗教角度说明了人类明显的基因相似性。

- 在洪水中有一个可以供少数人逃过大难的安全区域。

- 这场大洪水毁灭了全球的几乎所有生命，破坏力巨大。

- 在洪水灾难中有一小部分人生还，并成功繁衍下去。

把生命和情感降格
动物在不同宗教体系下的不同地位

对待动物，人类偶尔也会生发出怜悯之心。毕竟，拥有丰富情感、与动物日夜为邻的人类，有时也难以对动物的哀号充耳不闻，对动物的苦难视而不见。

动物有权享受安息日

在安息日的气氛中，犹太人会按照宗教教义让动物也享受安息日的平静，这一天尽量不给它们带去痛苦。犹太经典《塔木德》中记载了拉比犹太教创始人之一——耶胡达·哈纳西的一个故事。一头待宰的小牛不想死于人类的屠刀之下，向他求助，但这位拉比拒绝了它，于是受到了上帝的惩罚，生了一场长达十三年的疾病。

宗教对动物的"体恤"

许多宗教对于动物有比较多的同情心，这类宗教以佛教为代表。佛教强调人类与万事万物的普遍关系，最重要的戒律便是不杀生，所谓"扫地恐伤蝼蚁命，爱惜飞蛾纱罩灯"讲的就是这类修行者。即便如此，人类依旧能找到利用动物的理由。在所有宗教中，人类的地位都要高于其他动物，即使在佛教中也不例外。宗教声称在自然中存在一种特殊的等级制度，允许人在一定范围内行使权利。

"狡猾"的智人

人类总是能够根据自己的能力适时调节对于外界的看法，其中最明显的表现就是对于动物态度的改变以及对于动物"心思"的揣摩。虽然毫无疑问这种揣摩是一种牵强附会，但它为人类从周围世界获取资源提供了心理上的解释。

"神圣而慷慨"的奶牛

奶牛由于被驯化，已经从一种可以与人类自由交谈的动物变得自闭而沉默，但信仰印度教的人依旧能从奶牛的沉默中推断出奶牛乐善好施的优良品格。

在印度教的观念中，奶牛是一种神圣的动物，应该得到我们的尊重，我们不能宰杀它们。

印度教的另一种观念是，奶牛是一种慷慨有爱的动物，十分渴望和人类分享自己的乳汁。

农耕时期动物的主要用途

获得饱暖 —— 人们通过饲养动物，获取肉、蛋、奶等食物，动物皮毛则可用于避寒取暖。

体力劳动 —— 利用牛、马、驴、骡等的劳力，为人类提供运输和劳作方便。

祭祀神灵 —— 用牛、羊、猪等祭祀神灵，以求得到神灵保佑。

其他功用 —— 饲养狗可以起到看家护院的作用，节省人力；饲养观赏性动物以获取观赏价值等。

人与动物关系的第二次革命

农业革命带来的信仰转变

农耕时代的人们由于生产技术的提高，已经变得相当自信。在他们的世界观中，人类享有控制其他动物的权利，这份权利对应的义务就是人类对神、自然以及动物需要承担某些特定的责任。

狩猎采集者与农民的信仰差别

在狩猎采集者的世界里，人类很少意识到自身巨大的影响力，并不觉得自己比其他动物更高级。只有几十人集聚的小部落能否存活下去，很大程度上取决于狩猎者能否捕获到猎物。因此他们需要设身处地去想象动物会做什么，尝试与它们进行对话。

农耕时代的人在各方面相较于狩猎采集者获得了长足的发展。农业的发展使得部落可以养活的人数变得更多，人们不再过分依赖野生动物了。因此人类不再同动物说话，动物也变得沉默。人类懂得如何获取奶牛的乳汁，如何让驴子转动磨盘，如何让牛犁地，如何骑马。

经济革命也是宗教革命

新的经济关系需要新的宗教信念来维护，这种宗教信念为人类奴役动物提供了合理的理由。这一理论在近年来对一些古老部族的研究中获得了实际的印证。印度南部的纳雅卡近年来出现了农耕行为，他们开始蓄养家畜，对待动物的态度也发生了惊奇的转变。在他们新的观念中，大象、老虎、熊、鹿等依旧具有和人类同等的地位，驯化的奶牛"需要人类的陪伴"，而鸡的地位就只有作为肉食提供者或者鸡卵的提供者了。并且财产私有化的概念也开始出现，个人种植的茶树只有这个人才有权采集并出售。

降格的动植物以及人类

人类把动物从有情感、与人类同等的地位降格到了人的某种资产。有时这种"降格"并不局限于动植物，作为奴隶的人也会被当作人的某种资产，可以毁坏和进行交易。

狩猎采集者通过群体的努力战胜野兽，获取其皮肉。随着生产力的发展，狩猎采集者开始能够驯化饲养动物，种植植物，人类进入了农耕时期。从泛灵论到有神论，动物的话语权被剥夺，只能任人宰割。

随着财产私有化的出现，贫富差距逐渐产生，一部分人一跃成为奴隶主，他们对待奴隶就像人类对待动物一样，为了一己私欲对其生杀予夺。奴隶就像变得沉默的动物一样，也失去了自己的话语权。

私有制和阶级产生的根本原因在于人类生产技术的提高，为此人们开始为这种不合理的占有进行合理化的解释，以巩固自己的地位。奴隶制的出现标志着人类开始进入文明时代。

猎人、农民、科学家

人类与万事万物关系的变迁

狩猎采集时代，猎人向动物求助，想要获取更多的肉，为此他们赋予动物以人格；农耕时代，农民向神求助，想要牛羊肥美，瓜果飘香；科学时代，人类消灭了神，开始利用科学的方法满足自身的需求。

科学的"创世纪"

16—17 世纪，以牛顿为代表的科学家发起的科学革命将神挤出了人类的世界，尽管其中一部分科学家是虔诚的教徒。科学世界中，如果想求得雨水，不必再祭拜司雨之神，人类有的是方法解决这种问题；如果想求得更高的农作物产量，人类可以从基因的角度进行努力……在科学的世界里，就连神也变得沉默，只有人在自然的舞台上独自演出。

新的神话

牛顿在庄园里恰好被一个苹果砸到了脑袋，于是万有引力在一段时间后新鲜出炉。人类因偷食智慧树禁果而被逐出伊甸园，受到了严厉的惩罚。而牛顿因为在伍尔索普庄园里的智慧树下被苹果砸中，却因此打开了现代科学之门，从此人类的风调雨顺不再依托于对神祭祀供品。在科学的世界里，等到生物科技、纳米科技等发展成熟之时，智人都将进化成为神一般的存在。

人类因为自身需求创造出来的信仰，随着人类生产技术的提高，最终被另一种名为科学的信仰所取代。人创造出来的神创造了人类，人类最终又借助另一种信仰将自己塑造为神。

摇摇欲坠的同情心

随着科学技术的发展，人类对待动物的方式没有变得更温和，产业化的养殖、屠宰公司让大多数人看不见动物的痛苦。近年来，这种做法受到了较多的批评，这是人类的同情心开始起作用了，还是随着科技的发展，人类变得越来越担心自己的处境？

变迁的饲养方式

随着技术的发展，产业化养殖成为可能。动物在人类面前变得越来越束手无策，甚至连传染病也得不了。

为了尽可能避免传染病，人类必须给家禽、家畜提供足够的空间。

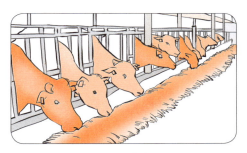

生物化学、基因科学等的发展，让动物可以在非常有限的空间生存。

人工智能会否取代人类

如果人工智能超过人类智慧，人工智能会不会像人类对付动物一样来对待人类，为了一己私欲饲养以及杀死人类？彼时，人类与黑猩猩、猪、鸡又有什么不同？人类是否真的会优于某个程序？

当你为某公司发布科技新品而欢呼时，是否也会有一种隐隐的担心？

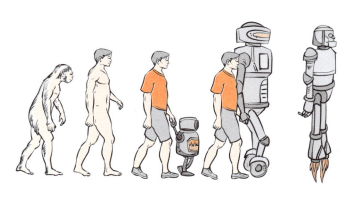

第五章
人类有何特殊之处

无法被证实存在的灵魂
人类特殊地位的动摇

人类和动物之间的区别是否比人与人之间的区别更小？在许多方面这种区别可能相差无几。

不可侵犯的生命

人类生命之间的区别有时候往往比看上去更大，但有时则相差无几。美国人的生命会比阿富汗人的生命更值钱吗？一般来说，美国人在教育、安全、医疗方面往往会比阿富汗人投入更多的金钱，但一般人并不会因为这一点而认为美国人应该比阿富汗人享有更多的人权。

人权不可侵犯，阿富汗孩子的生命和美国纽约孩子的生命都不可侵犯。虽然地缘政治会对个人实际享有的权利产生影响，但在人权这一点上，人与人之间没有差别。

虚妄的灵魂

在伦理上，人与人之间差别甚微，那么人类是否也可以和动物称兄道弟呢？显然不被允许。几乎所有人都不认为动物有权杀死人类，但人类似乎总可以对动物为所欲为。人类优于动物难道仅仅只是因为人类有更强大的力量，比其他所有生物加起来的力量更大？显然这是不可能的。

难道是因为人类拥有一种可以超越生死的灵魂？这听上去像是一个不错的理由，但反复的实验并不能证明人类拥有这样一种特殊的东西；如果有的话，那么动物也一定拥有。就目前来说，仍然没有任何科学证据可以证明动物没有灵魂，而人类恰好拥有。

对于灵魂的几种不同看法

　　在很多宗教信仰中都有灵魂的概念，灵魂指构成人体的非物质组成部分，属于超自然存在。令人惊奇的是，部分科学家也相信灵魂的存在。

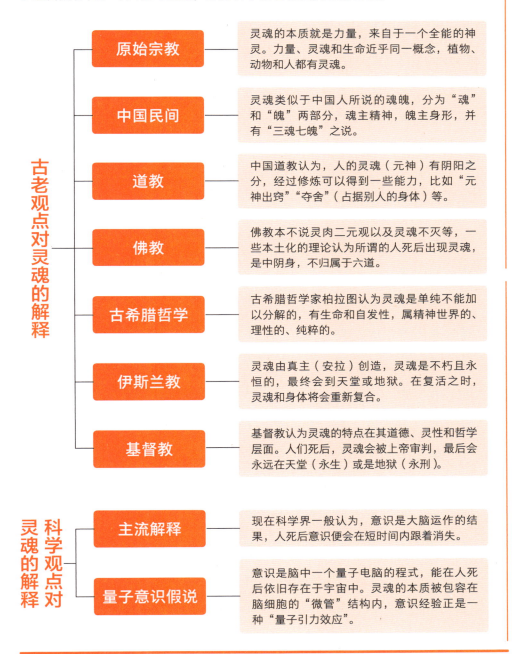

古老观点对灵魂的解释

原始宗教
灵魂的本质就是力量，来自于一个全能的神灵。力量、灵魂和生命近乎同一概念，植物、动物和人都有灵魂。

中国民间
灵魂类似于中国人所说的魂魄，分为"魂"和"魄"两部分，魂主精神，魄主身形，并有"三魂七魄"之说。

道教
中国道教认为，人的灵魂（元神）有阴阳之分，经过修炼可以得到一些能力，比如"元神出窍""夺舍"（占据别人的身体）等。

佛教
佛教本不说灵肉二元观以及灵魂不灭等，一些本土化的理论认为所谓的人死后出现灵魂，是中阴身，不归属于六道。

古希腊哲学
古希腊哲学家柏拉图认为灵魂是单纯不能加以分解的，有生命和自发性，属精神世界的、理性的、纯粹的。

伊斯兰教
灵魂由真主（安拉）创造，灵魂是不朽且永恒的，最终会到天堂或地狱。在复活之时，灵魂和身体将会重新复合。

基督教
基督教认为灵魂的特点在其道德、灵性和哲学层面。人们死后，灵魂会被上帝审判，最后会永远在天堂（永生）或是地狱（永刑）。

科学观点对灵魂的解释

主流解释
现在科学界一般认为，意识是大脑运作的结果，人死后意识便会在短时间内跟着消失。

量子意识假说
意识是脑中一个量子电脑的程序，能在人死后依旧存在于宇宙中。灵魂的本质被包容在脑细胞的"微管"结构内，意识经验正是一种"量子引力效应"。

一 达尔文和灵魂的矛盾

为什么人会不接受进化论

相对论以其艰涩难懂而闻名于世，以至于 $E=mc^2$ 传遍街头巷尾；相反，建立于实证基础之上的进化论却少有人问津。

关于进化论认同度的调查

2012 年，盖洛普对美国人对于进化论认同度的调查显示：15% 的人认同智人全靠自然进化为现在的人，并没有其他外界力量介入；32% 的人认为，人类在上帝的精心安排下经过持续几百万年的时间从简单生命进化到了现在的样子；46% 的人坚信人是大约 1 万年前由上帝创造的。

受教育程度的提高有助于进化论接受度的提高，但这种涨幅并不如人们预期的那样高。同期的一个调查显示，在硕士生和博士生中，相信上帝造人的比例下降到了 25%，而相信人类单纯由进化作用而来的比例只上升到了 29%。

进化论对信仰的挑战

首先来说，相对论在一定程度上挑战了人类的传统观念，比如说"是不是一切都是相对的""人类的道德是不是也是相对的"，等等，但这都不如进化论的挑战来得猛烈。进化论将人摆到了一种和动物平等的位置，否定了人类引以为豪的内在优越性，否定了宗教以及许多人的信仰，否定了人类的独特地位。我们不想失去剥削其他物种的权利，不想失去自己独特的地位，不想失去我们的"灵魂"，所以在历史上我们视这种理论为洪水猛兽，现在也是。

进化论与灵魂不兼容

进化论认为人是从低级生命一步一步进化而来的，如果人类有灵魂的话也不应该突然之间就具有了某种永恒性的东西。进化论驳斥了人类拥有的独特地位。

个人是否可以再分

英文 individual（个体、个人）拆开来讲，是不可（in-）再分（dividual）的东西，强调了一种具有永续性、永恒性的存在。但进化论以及现代解剖学等却相信，人类包括动物在内，都是有神经元放电、激素释放、肌肉收缩等调节控制作用的。

in-
+
dividual
=
individual

pref. 表示"否定，与……相反"之义。

adj. 分开的，分享的，可分割的。

adj. 个人的，个别的，独特的；n. 个人，个体。

逐渐进化的感光器官

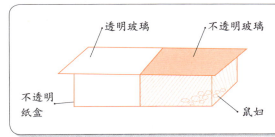

透明玻璃　　不透明玻璃

不透明纸盒

鼠妇

鼠妇实验

在对鼠妇是趋光的还是避光的实验中，可以很明显地发现鼠妇会奔向阴暗潮湿的一边。这种为鼠妇获取周围环境状况的传感器就像进化史上最早的眼睛。

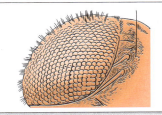

昆虫的复眼

复眼是由不定数量的小眼组成的视觉器官，主要在昆虫及甲壳类等节肢动物的身上出现。每个小眼都有角膜、晶椎、色素细胞、视网膜细胞、视杆等结构，是一个独立的感光单位。

人眼结构

人眼，拥有视觉，是一种意识感觉器官。视网膜上的杆细胞和锥细胞拥有色彩分化和深度感光的功能。人类的眼睛可分辨约一千万种颜色。

意识和心灵的谜团
我们是否真的有别于动物

有一种东西让人类依旧能够在动物面前沾沾自喜，即意识。这种被认为来自心灵的产物与永恒的灵魂大为不同，因为人们时时刻刻能感受到意识的存在。

意识的流动

人们的行动无时无刻不受到意识的支配，它们作为大脑的主观体验外在表现为人的各种情绪以及行为，忽然产生又忽然消失，如电光火石。感觉、情感以及思想的变化集结之后就变成了意识流。

意识和灵魂不同，意识可以进行拆分，并且可以不断变化和流动；而灵魂则被认为是永恒的，是可以超越生死的存在。灵魂的可信度低，而意识则完全相反，几乎任何人都不可否认无法怀疑。可是有些东西，我们越是坚信则越是不敢怀疑，也越是难以经得起推敲。

意识是否专属于人类

机器人是否存在意识，是否会产生饥饿、愤怒？大多数人会给出否定的答案，因此即使让机器人因为劳损报废掉，人们也不会有一丝愧疚。如果有的话可能也是心疼又得支出一笔钱来购置新的机器人。动物是否有意识呢？我们是否也可以像使用机器人一样役使驴马牛骡？17世纪的现代哲学之父笛卡尔认为，只有人类具有感觉和渴望，解剖活体动物和拆开一台正在运转的机器后盖并没有什么不同。等到后来人道主义兴起，人们才开始对这些可怜的小动物表现出一些同情。但要是问起这些动物是否具有意识，大多数人还是会持非常保守的观点。

什么是意识

　　人在思考或是感受到自己的所思所想即是人的意识，无法通过语言准确加以描述。一般意义上，意识指人对环境及自我的认知能力，以及认知的清晰程度，科学上难以给出一个确切的定义。

意识的心理学特征

意向性

　　指人的意识能在某个事物或某件事上集中多长时间。

统一性

　　指意识是很难分开的，一个人很难对两件事同时有意识。

选择性

　　指相关人能注意到某些特定的事情，却没有注意到另外的事情。

短暂性

　　指意识就像一条小河里的河水，难以捉摸，容易改变。

意识研究

　　目前在意识本质的问题上还存有诸多疑问与不解，意识已经成为多个学科的研究对象。

与意识研究相关的学科

如何解释意识
人类的主观体验是否就是意识

我们的科学对于心灵、意识等的研究成果其实少得惊人，目前的正统科学认为，大脑中的电化学反应产生了意识。但是对于痛苦、爱、开心等的主观体验，目前科学上仍旧难以给出合理的解释。

紧密关联的刺激与活跃

利用功能性磁共振成像技术以及一些特殊的小工具，神经学家能够确定大脑中的电流和人的主观情绪之间的稳定联系。通过检查反应大脑活动的照片，科学家们就能够确信你是否陷入了沉睡，甚至能够判断你处在美梦之中还是被噩梦围困。科学家能够确信大脑不同区域活跃所对应的人的不同感受，但却难以解释具体的作用方式。

对于人脑的特殊作用方式，最普遍的解释是：大脑系统由 800 亿个神经元组成，相互作用组成了密集的网络；而几百亿个电子信号相互传递作用时，人的主观体验就产生了。

城市是否有意识

如果说数百亿的神经元互相联动形成了人的主观体验，那么我们是否可以说城市也具有主观体验？汽车制造业的发展，让堵车在 21 世纪变成了家常便饭。假如数量足够多又首尾相连的汽车在路上行驶，第一辆车在路上某个位置停顿了一下，行驶了一段距离后又停顿了一下然后开走了，那么这种停顿会一直在这些车中传递，每辆车几乎在相同位置都会停顿相同的时间。我们可以说公路有意识吗？城市中各个角落都上演着类似的事情，我们是否也可以说城市具有意识？

意识与骨牌

从神经学角度考虑，对意识活动的观测结果与骨牌效应极其相似。电波的传递最终产生行为，而骨牌运动的传递最终呈现出一定的结果。

脑波与人体状态

通过医学仪器脑电图描记仪，可以将人体脑部自身产生的微弱生物电收集并放大而得到脑电图。通过分析这些脑电的波动，科学家们已经大体上可以确定各个频段对应的人体反应。

脑波种类		频率	人体状态
Delta（δ）		0.1～3 Hz	处在深度睡眠中且没有做梦
Theta（θ）		4～7Hz	成人情绪受到压力，尤其是失望或遇到挫折时
Alpha（α）		8～12Hz	放松、平静、闭眼但清醒时
Beta（β）	低频率	12.5～16 Hz	放松但精神集中时
	中等频率	16.5～20 Hz	思考、处理接收到的外界信息（听到或想到）时
	高频率	20.5～28 Hz	产生激动、焦虑时
Gamma（γ）		25～100 Hz（通常在40Hz）	意识提高、产生幸福感、冥想时
Lambda（λ）		诱发电位	眼睛受光刺激时100ms后诱发（又称P100）
P300		诱发电位	看到或听到脑中想象的东西后诱发

骨牌是否有意识

即使科学家们能够清楚地知晓特定的脑电波对应的特定行为，仍旧难以解释意识的原委。就好像即使我们清楚特定的骨牌排布最终会呈现出特定的动态结果，但我们不能说骨牌中藏有意识一样。探索意识似乎很难单靠研究人脑的结构以及电波、突触之间的影响来达到目的。

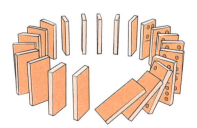

多米诺骨牌是一种长方体骨牌，将骨牌按一定间距排列成行，轻轻碰倒第一张骨牌，其余的骨牌就会产生连锁反应依次倒下，与蝴蝶效应相似。

多余的心灵
人类行为的神经学解释

当我们对人体作用机制的研究越细致，我们离开始的目标就越远，因为科学将意识推到了一个离人类更远的位置。

主观体验的生物学意义

对于人类如此重要的意识，在进化上有什么作用呢？生物学家给出的解释远远低于人们对于主观体验在生物学意义上的期待。他们认为人类感到饥饿或者寒冷，最主要的目的在于让手脚发挥作用去追逐猎物以及生火取暖。现代科学家们给出了更详细的解释，人的各种器官收到外界的信息之后，体内神经会受到刺激，神经元释放出信号，足够多的信号会刺激腺体分泌激素，来使心脏以及肌肉以更高的效率工作，见到捕猎者时判断时机迅速逃窜，寒冷时寻找温暖。

自动行驶汽车

基于算法的自动行驶汽车可以处理相当复杂的信息，每秒几百万次的运算使其可以媲美人类司机。自动驾驶汽车能够将其他车辆、行人、路况等多种因素考虑在内，遵守交通规则，绕过障碍，并与其他车辆发生联动，在自己行驶时及时将相应信息传达给相关车辆，减少拥堵，节省时间成本。自动行驶汽车没有意识，但却可以将这些事情做得很好。

自动行驶汽车的逻辑判断不会使自身陷入一种死循环。除去一些不可抗因素，自动行驶汽车总是能到达目的地。这就像人类的主观体验可以跳脱出思维本身来反观自我。但如果仅仅是这样的话，这能算得上是意识吗？

心灵

心灵指一系列认知能力的总和，这些能力可以让个体具有意识、感知外界、进行思考、做出判断以及记忆事物。心灵被认为是人类的特征，但也有人认为其他生物可能也具有心灵。

二元论

古希腊哲学家柏拉图提出了二元并存理念，认为人处在两个世界，一个是灵魂理性世界，另一个是身体现实世界，感官世界只是灵魂世界的影子。

早期大量论述灵魂与身体关系的话题，虽然并不完善，但有其依据与意义，不能全盘否定。

展现理性世界与现实世界的图画

一元论

心灵、大脑的本体论认为，不管思维还是智力，它们都扎根于大脑，并不利用、依赖非物质或与非物质相互作用。一元论是本体论的分支，唯物主义一元论肯定世界的本原是物质，唯心主义一元论肯定世界的本原是精神。

柏拉图　笛卡儿　莱布尼茨　康德　丹尼尔·丹尼特　海德格尔　弗洛伊德　威廉·詹姆士

研究过心灵的著名哲学家、心理学家

或许一开始我们就错了

意识可能不是人类所想的那样

关于意识是否存在于心灵中以不能确认心灵的存在而变得进退维谷，或许这个问题我们一开始就想错了。

弃之不用的理论

在人类历史上有许多被放弃的理论，最为著名的便是"光以太"。19 世纪的物理学家们认为，在宇宙中分布着一种物质——光以太，这种物质是光、电磁波传导的必需介质，以太风的吹拂是光传播的关键。但后来当人们想证明以太的时候，却找到更好的解释光传播的理论，"光以太"也从此成为历史名词。对于光传播的解释从一开始人们就错了，同样的情况也适用于对于地球上风、火、雷、电的解释。起初人们将自然现象归结为超自然的力量，亦即神的作用，现在人们则不会认为这些现象是神的旨意。

对于心灵的另一种解释

一方面，人们怀着对于"心灵""神"和"光以太"同样的不安感；另一方面开始寻找对于"心灵"的另一种解释——抛弃心灵。一些科学家通过批判"心灵""意识"等的实用性来劝导人们放弃这类词语。在一些科学家眼中，诸如愤怒、开心、绝望等主观情绪只不过是神经突触的某些运动罢了，而这些情绪能够发挥更重要作用的地方是在道德层面。

目前对于意识最好的科学解释是将意识作为一种状态、一种副产品来进行解读，神经突触并不会产生意识，但整体神经突触的运动却产生了意识。这样也就回到了最开始的命题，如果人有这种意识的话，那么其他一切生物几乎也都拥有。

明智的做法

科学上我们不止一次误入歧途，有时由于错误理论的兴盛而使真正正确的认识却一直不为人所知。对于一直难以解释的理论，我们或许应该考虑换一种思路。

被抛弃的"光以太"

17 世纪，笛卡儿将以太的概念引入科学，并赋予它某种力学的性质。牛顿也支持以太的理论。1887 年，迈克尔逊和莫雷用干涉仪测量两垂直光的光速差值，结果证明光速在不同惯性参考系和不同方向上都是相同的，由此否定了以太的存在，动摇了经典物理学的基础，成为近代物理学的一个发端，在物理学发展史上占有十分重要的地位。

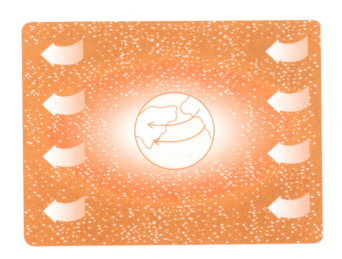

上帝是否掷骰子

爱因斯坦曾因提出广义相对论被当作自然科学界一个神一般的存在，但他也曾犯过错误，或许到今天他仍然会认为"上帝不掷骰子"。后来科学实验观测以及理论推理都证明上帝不仅掷骰子，而且还把它掷在很远的地方。量子力学的发展证明世界不只有一套"大理论"，更有适用于微观世界的"小理论"。

碳基与硅基
把生物类比成算法可能是个误导

　　现代生命科学将生物类比成算法，认为生物具有一套复杂的数据处理系统，将生物个体当成是一台输入数据、进行运算、输出结果的机器。

生物蒸汽机理论

　　19世纪，当蒸汽机大行其道的时候，科学家们相信大脑和思想就像发动机一样是动力所在。人们会用蒸汽机原理解释人的活动，与当时最先进的技术是分不开的。机器运转和火车行驶都离不开发动机的作用，因此人们也不觉得这种想法有什么问题。这时的科学家们相信，身体就像由各种管道、阀门以及活塞构成的，可以积攒以及释放出能量。

　　这种理论催生了军队对于年轻军人的管理。军队招募性欲旺盛的男子，同时对他们的这种性冲动加以管控，让这种性压抑积攒之后转移到对敌军的战斗力上。

生物算法

　　到了21世纪，将人类心理类比成蒸汽发动机已经显得相当老土，我们有了更先进的设备——计算机。这时将生物类比成计算机就显得时髦得多。但很明显，我们不能放弃人有意识而计算机没有意识的想法，因此这样的类比就算再时髦也会显得幼稚。只是计算机真的就没有意识吗？等到计算机算法足够复杂的时候也不可能产生意识吗？等到计算机取代了司机、教师、医生、服务员等，我们还敢确信它们真的没有意识吗？

推演算法

算法在古代文献中称为"术",最早见于《周髀算经》《九章算术》。三国时代的刘徽给出了求圆周率的算法,后来又有《杨辉算法》《丁巨算法》《算法统宗》等。

算法的发展

爱达·勒芙蕾丝于1842年成功为巴贝奇的分析机编写出了求解伯努利微分方程的程序,被大多数人认为是世界上第一位程序员。

20世纪30年代前期,库尔特·哥德尔、雅克·埃尔布朗和斯蒂芬·科尔·克莱尼等提出了递归函数。

1937年,艾伦·图灵提出了图灵机。

世界上第一位程序员——爱达·勒芙蕾丝

算法的特征

输入 —— 一个算法必须有零个或以上输入量。

输出 —— 一个算法应有一个或以上输出量。

明确 —— 算法的描述必须无歧义,要求实际运行结果是确定的。

有限性 —— 一个完备系统只有有限个状态、输入符号和指令。

有效性 —— 算法中描述的操作都可以通过执行有限次数的基本运算来实现。

碳基与硅基:把生物类比成算法可能是个误导

活在虚拟与现实之间的人类
重要的是别人认为你是谁

几千年前，哲学家们就发现自己根本无法证明除却自己外的任何事物具有意识。我们很难确信周围的人物是真实的而非虚构出来的 NPC（Non-Player Character，游戏中非玩家控制角色）。

📶 和游戏中的角色对话

如果你是一个好玩的人，我想你可能尝试过和电脑游戏中的角色对话，其中有些角色由玩家控制，有些则不属于玩家控制的角色。在你与不同角色的对话中，你能轻易辨别出来哪些角色是由玩家控制，而哪些则是由服务器里的数据控制的。

将与游戏中的角色对话这一问题推广开来，你真的是在一个真实的世界中吗？你或许是身处未来的游戏爱好者，现在正沉溺于一款 21 世纪模拟游戏。这款游戏的仿真程度足以让你几乎不会对生活产生任何怀疑。甚至会想自己加入游戏时，是不是充的游戏币太少了，所以要经受这么多磨难。

📶 图灵测试

英国数学家艾伦·图灵被视为计算机科学之父。1950 年，他发明了一种测试计算机是否能达到人工智能的标准：如果一台机器能够与人类展开对话（通过电传设备）而不被辨别出其机器身份，那么可以称这台机器具有智能。

这一标准简单而精准。图灵本人曾因同性恋之名被判罚接受化学阉割，这一标准或许来自其坎坷的人生经历。你是谁根本不重要，重要的是别人认为你是谁。或许等到人类某天因为机器人而发动战争，也就是人工智能完胜的时候。

中文房间

中文房间是约翰·希尔勒提出的一个借以反驳强人工智能的思想实验。根据强人工智能的观点，只要计算机拥有了适当的程序，理论上就可以说计算机拥有它的认知状态并且可以像人一样进行理解活动。

实验概述：将一个只会说英语的人关在一间只有一个开口的封闭房间中。房间里有一本用英文写成的手册，该手册指示该如何处理收到的汉语信息及如何以汉语相应地回复。房内的人便按照手册上的说明，查找到合适的指示，将相应的中文字符答案递出了房间。

约翰·希尔勒的观点

尽管房里的人可以以假乱真，但他并不能像应用中文的人一样思考以及进行理解活动。在上述过程中，房外的人相当于程序测试者，房中的人相当于计算机，而手册则相当于计算机程序。房中的人不能通过手册理解中文，同样计算机也不能通过程序来获得理解力。

反面观点

由于人拥有智能，而人的智能决策来自于脑细胞的电信号转换，每一个脑细胞本身并不理解单词的意义。如果按照希尔勒的观点，人类是不存在认知能力的。所以依然可以认为如果计算机程序能够完成图灵测试，则说明该计算机程序具有认知能力。

此推演过分依赖人的智能来自于脑细胞电信号转化这一基础。此外，这一推演只能证明单个脑细胞无法理解单词意义。

精神医学实验室的信条
白鼠的行为与情感

　　精神医学研究院用白鼠来研究对抗抑郁症的新药，这种做法也就等于在一定程度上将动物当作人类来对待。等到新药研制出来后，用于抑郁症患者，也即是将那个人当作白鼠来对待。

在绝望边缘挣扎的白鼠

　　通过各种途径人类已经了解到人类某些意识对应的特定活跃的脑部区域，即使动物某些表现对应的大脑活跃区块也能够得到清晰的对应关系。那是否可以说，动物也与人类一样具有情感和意识呢？

　　医疗公司使用白鼠模拟人类肌体，研制抗抑郁症以及治疗其他精神病的药物。许多不幸的白鼠必须模拟人类的各种症状，比如绝望和抑郁。为了将绝望的白鼠重新拉回希望的边缘，使其继续活下去，研究人员对白鼠注射各种药剂对比观察结果。假如某种药发生了作用，那么这种药就很有可能用于对抗人类的抑郁症，为人类带来快乐。

人与鼠的共同情感

　　如果说用白鼠来研究对抗人类抑郁症的药物不是基于人类与白鼠拥有共同或者类似的情感活动的话，那么抗抑郁症药物的研制将会变得举步维艰。因为研究人员不得不需要用大量的人体进行试验，这很明显让人道主义者难以接受。相较之下，接受白鼠与人类拥有共同或者相似的情感则显得容易得多。事实上，这也是精神医学研究实验室认同的前提之一。

情感让人和动物的距离更近

正是基于人与动物的相似性，才会有众多使用动物进行的实验。而这些实验成果的应用也证实了这一前提的正确性。白鼠其实和人类一样会困于抑郁，一样会在争取未果之后对处境感到绝望。

绝望的白鼠

挣扎的白鼠

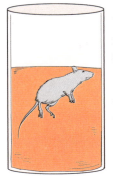

绝望的白鼠

实验： 为了提高统计信度，取100只白鼠放进装有足量水的杯子内。过15分钟后，白鼠放弃了求生动作，接受了这种让白鼠绝望的处境。

重新取100只白鼠放进杯子里，在14分钟的时候将白鼠捞出来擦干喂食，休息一会儿后重新投入水杯。这次大多数白鼠都神奇地将求生行为持续了20分钟。

问题： 为什么白鼠的求生行为持续时间会发生变化？

哀莫大于心死

"哀莫大于心死"出自《庄子·田子方》，"夫哀莫大于心死，而人死亦次之。"这里心被理解为人的思维器官。孟子："心之官则思。"这里的"心"则可以理解为思想或观念。庄子这句话可以理解为，最悲哀的莫过于人没有思想或失去自由的思想。

白鼠"心"死后，放弃了挣扎；人"心"死后放弃了希望，都是极悲哀的事情。

老年庄子像

它们离人类到底有多远

动物的自我意识

无论动物表现出多么复杂的个体或群体行为，总会有相当一部分人认为这只是出于动物脑中无意识的算法所产生的结果，与真正的意识相差甚远。

动物有意识吗

动物是否有与人类相同或相似的意识？绝大多数人不愿意放弃人类居高临下的优越感，即使承认动物有一定的意识，但在人类意识面前也必然相形见绌。

用白鼠做抗抑郁症药物研制实验使人们不得不相信动物在意识方面与人类有共通之处。人们可以很容易接受白鼠、狗、猫或者别的动物有意识，但却否认它们具有自我意识，或者自我意识的更高级形式。首先来说，哺乳期的雌性动物一般会选择对自己的孩子进行哺乳，而不是选择跟自己毫无关系的动物；动物饥饿时找到食物一般自己吃或者给幼崽吃而不是给别的动物。

蓄意伤人的黑猩猩

有一种观点将自我意识分成不同程度，认为只有人类才具有更长久的意识，这种意识可以贯穿过去和未来；而其他动物只活在当下，缺少对未来的规划。在瑞典富鲁维克动物园里有一只不怎么安分的雄性黑猩猩桑迪诺，这只黑猩猩为了戏耍游客可谓是用尽心思。起先的时候，桑迪诺向人们扔石头。但随着园区对游客的提醒，桑迪诺逐渐学会了隐藏自己的意图。它学会了收集并隐藏石头、香蕉皮等物，等到人们不备的时候突然发起攻击。很难说桑迪诺缺乏对于未来的规划。同样能够进行较长远考虑的动物还有很多，比如狗将骨头藏起来，或者大象的超强记忆力。

自我意识

自我意识是指对自己身心活动的觉察，即对自己的认识，具体包括认识自己的身高体重等生理状况、兴趣性格等心理特征，以及自己与他人的关系。

自我意识的形成与发展

新生儿	不具有自我意识。
1 岁半左右	学会使用自己的名字。
2 岁以后	掌握了代词"我的"和"我"，实现了自我意识发展的一次飞跃，标志着真正自我意识的出现。
青春期	自我意识发展的第二个飞跃期，将自己的思想从客观世界抽回一部分指向主观世界。
青年期	自我概念形成，是一个人对自身连续性和同一性的认知。

自我意识的作用

黑猩猩以及其他被广泛研究的猿类都显示出了一定的自我意识。在让纽约水族馆的海豚照镜子时，海豚能够识别出镜子中的像正是自己。

一只宽吻海豚正在照镜子。

神奇的动物

动物在特殊情况下的惊人表现

有时动物们表现出来的"意识"行为多多少少让人感觉到不可思议或者啼笑皆非，又或者自愧不如。

🎵 白鼠的自私行为与同情心

科学家们在一次实验中对白鼠的同情心进行了测试。在第一组实验中，将一只白鼠放进一个狭小的铁笼，然后将铁笼放进一个装有一只白鼠的大笼子里。小笼中的白鼠不断发出痛苦的哀号，大笼中的白鼠会想方设法救出被困在小笼子中的白鼠。在第二组实验中，在大笼子放置一些食物，其他条件均未发生改变。这种情况下，大部分白鼠选择救出同伴再享用食物，小部分白鼠会选择先享用食物再救出同伴。

🎵 算数能力惊人的马

20 世纪初，德国有一匹算术能力以及语言能力惊人的马——汉斯（Clever Hans），它似乎不仅能听明白德语而且对于加减乘除的运算能力也丝毫不赖。不论人们对汉斯用文字提问还是用德语提问，汉斯总是能将正确的运算结果以马蹄点地的形式表达出来；最终运算结果是多少，汉斯就用马蹄点地多少次。

白鼠为什么要选择救出同伴，难道独自享用食物和空间不是更好吗？本质上我们与白鼠、狗、大猩猩等并没有多少区别，如果它们没有意识的话，我们也没有；如果我们有意识的话，那它们也有。

聪明的动物

　　不得不说，地球上有许多动物满足了人类对于聪明的定义，有一些动物在某些方面的聪明程度甚至超过了人类。

黑猩猩

　　黑猩猩和人类有98%的基因是相同的，它们能制造和使用工具，有组织地打猎，有利他主义和自我意识。在许多记忆测试实验中，黑猩猩往往比人类表现得更为出色。

海豚

　　海豚拥有惊人的创造力。20世纪60年代，科学家们发现，当海豚认为自己的创造性表演能获得奖励时，它们往往会展示出更多的创造性。

大象

　　大象会安慰家庭成员，一头名为"幸福"的亚洲雌象在镜子里能够认出自己，这种复杂行为只有人、类人猿和海豚才有。

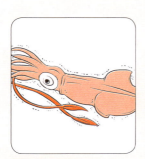

头足类动物

　　头足类动物（乌贼、章鱼以及鱿鱼等）是海洋中最聪明的无脊椎动物，它们的脑环绕着食道，具有类似于人脑的脑叶和处理视觉以及触觉信息的独特区域，具有一些人脑的特征。

乌鸦

　　一只名叫贝蒂的乌鸦会把一根直铁丝弯成钩子，然后用它取出管子里的食物。乌鸦通过观察长辈，就能熟练掌握它们的技能。大乌鸦能熟练利用社交得到保护和食物。

松鼠

　　松鼠会精心制作带有欺骗性的储藏室，让可能的小偷找不到自己的食物。这种小动物能够在脑中绘制一幅三维地图，进而回忆起坚果的储藏地点。

第六章
人类社会：想象的共同体

人类何以拥有今天这样的地位
智力、制造工具与灵活的合作

从意识领域解释，人类并不高出其他动物太多，但人类究竟如何拥有了今天这样的文化、经济与科技等方面的巨大成就？

智力和制造工具的作用

许多研究认为，智力和制造工具是人类兴起的关键。虽然其他动物也会制造工具，不过在这一点上人类的优越性毋庸置疑，因为你从来没见过哪一种动物凭借集体智慧制造出了电子计算机或者"动物造卫星"。大约1万年前，智人就已经成为智力方面的冠军，在制造工具方面也拔得头筹，虽然那时的智人还只是一种微不足道的生物。我们祖先的头脑可能比现在人类的头脑灵活得多，因为那时智人在危险的环境中必须时刻保持头脑清醒、能力出众，但他们总体上来说还是比现在的人类弱小得多。

团结让人类变得强大

单个智人即使再聪明也难以与强敌对抗，但团结起来的智人却可以猎杀猛犸象和剑齿虎。同样的，黑猩猩也懂得社交，但它们的社交只局限于相互熟络的范围。而团结的蜜蜂或者蚂蚁组织则缺乏与成员数量相对应的灵活性，无法改变其社会制度。而智人的合作则显得灵活多样得多，我们可以与陌生人共同完成某项任务，抑或发动历史上多次发生的对于国家体制的革新运动等。成就了人类的东西不是永久的灵魂也不是独有的意识，而是灵活的合作方式。

人类的特征

人或人类即生物分类学上的智人，是一种直立行走的人属物种。其祖先为人猿或古猿，有别于最接近的猿类。最初于非洲发现的六七百万年前的人类化石即人与猿的分离。

祖先

原始人曾分化为不同的物种，但一些史前人类物种遭到了完全的灭绝，另一些则被更强大的人种所吞并或混血，现今所有人类都是智人物种。

外在形象

人类的外表在文化与艺术方面都扮演着重要角色。人们使用装饰物品甚至文身等来装饰他们的身体。发型以及发色的不同也暗示着人类对于美丽的追求。

智力

人类智力包括理解、计划、解决问题、抽象思维、表达意念以及语言和学习的能力。人类利用计算机科学，促进了对人工智能领域的研究。

饮食

火的使用使得人类可以食用熟食，这对于人类的智力发育起到了关键作用。

情感

人的情感由大脑而产生，通过感官获得对外界的认识，从而形成自己的看法或态度，并逐渐深入，最终形成情感。

人伦关系

人类的性，除了繁殖后代外，还有着相当重要的社会功能，在两个个体间制造了联系。人类的性冲动并不具有明显的周期性，成年个体的性冲动往往是长期的。

语言

人类使用的语言约有 7200 种，其中约 2000 种有自己的文字。使用人口最多的有汉语、英语、西班牙语、阿拉伯语、葡萄牙语、俄语、意大利语、法语和德语等。

人类大范围的合作

改革的胜利需要顺畅的合作

想要掀起一场制度的变革，单靠个体数量是远远不够的；如果可以的话，社会上的二八定律就不会存在了。

有效合作的重要性

在一场大规模的运动中，单靠人数是远远不够的，革命的胜利往往需要更为顺畅的合作。军纪严明的部队往往可以击溃纪律涣散的一方，精英的一方往往比被统治阶层掌握了更多的合作技巧。所以，即使农民和工人的数量可能多于统治阶层，但被统治者总是会因为自身联盟被轻松瓦解而陷入不利的境地。确保被统治者不能进行高效的合作，也正是统治者们努力的重点。

合作的灵活性

20 世纪，电视扮演着联系人与人的重要角色，但到了 21 世纪初，这种功能被脸谱网以及推特等社交网络所取代。在新媒体的协助下，人们组织各种活动，让成千上万的人同时登录同一网站进行某项活动。组织人群进行某项活动是一回事，但正确地让国家机器运转又是另外一回事。虽然权力会从掌权者的手中滑落，但能够接住权力之杖的并不是聚集起来的群众。能掌管权力的只有那些从政者，权力从一拨人转移到另一拨人手中。投机者利用其掌握的宣传渠道，将由群众组成的洪流导引到适当的地方为自己所用。他们宣称自己是改革的领导者，迅速侵占资源，控制局面，夺得胜利。

有效合作的重要性

大量的历史事实反复证实了在大范围革命以及斗争中合作的重要性。顺畅的合作使得人类能够改变原有的利益分配甚至是政治体制。

1914年，相较之下极少数的俄国贵族、官员以及其他利益既得者统治着1.8亿的劳苦大众，俄国精英们懂得如何有效地合作以及瓦解被统治阶级联盟。

1917年，十月革命爆发，2.3万名共产主义者引导1.8亿农民推翻了俄国精英的统治。共产主义者训练有素，结成了一个精良的网络，动员以及引导民众。

十月革命中的共产主义者算不上是智力超群或者孔武有力，但他们在革命中表现出来的灵活性，成了组织民众取得革命胜利的关键。他们的合作效率更加出众，展现出了强大的灵活性。

熟识

小范围合作产生的方式

即使我们通过灵活的合作能力战胜了其他物种，是否我们就比其他物种更高贵？蜜蜂群体的力量远远超过单只蝴蝶，是否蜜蜂就可以宣称自己比单只的蝴蝶更高贵？

动物社交的建立方式

黑猩猩和狼都是具有社交关系的哺乳动物，但它们的合作通常建立在彼此熟识的基础上。在熟识之前它们可能经历过多次激烈的争斗，这些争斗往往充满敌意，有时甚至会赌上性命。两只并不熟悉的同类相遇之后往往难以产生合作。

倭黑猩猩建立社交的方式引起了生物学家的好奇，两群不相识的倭黑猩猩在相遇之初与其他同类生物相遇时表现出的惊恐并无二致，但这种倭黑猩猩往往在一番紧张的嘶吼之后开始交配。它们的这种行为将两群充满敌意的倭黑猩猩变成了相亲相爱的一大群倭黑猩猩。

智人建立合作的方式

智人有时也会采取与其他具有社交关系的哺乳动物一样的社交方式，但大规模的合作产生的基础却与这些方式无关。研究认为，智人能够真正熟识的对象不会超过 150 个。而人类诸多社会关系的存在却用事实告诉人们一个道理：智人的合作绝对不单单建立在熟识的基础之上。这也就意味着研究人群的合作规律会比研究小群体难得多。一个拥有上亿人的国家的运行方式与一个不到数百人的小部落的运行方式有着天壤之别。

如何迈向更大范围的合作

人类像黑猩猩一样，都只能认识一定数量的同伴，但人类通过共同的信念，使得大批互不相识的人能够进行合作，创造出人类秩序，完成了对动物的终极超越。

邓巴数

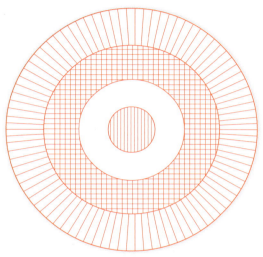

⊞ 约 7 个近亲属、死党	○ 约 21 个亲属、朋友
▦ 约 35 个同事、邻居、远房亲戚	✳ 60 个及以上其他人

邓巴数也称为"150 定律"，指能与某个人维持紧密人际关系的人数上限。邓巴数处于 100 到 230 之间，没有精确的数值，人们通常使用 150。人类大脑结构中的新皮质决定了某个人能够维持紧密人际关系的人数上限，而实际的亲密朋友数量会更少，直至接近个位数。

英国人类学家罗宾·邓巴首先提出邓巴数。

契约让合作更顺畅

法国思想家让－雅克·卢梭把社会和国家看作人们之间订立契约的结果。基于这种大家共同遵守和信奉的理念，人们的合作变得顺畅。利用这一种共同的信念也更容易引导民意，达成目标。

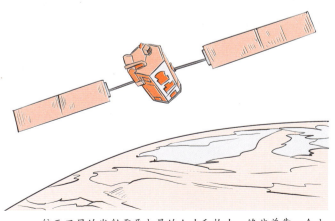

航天卫星的发射需要大量的人力和物力，绝非单靠一个小团体就能完成。

古典经济学理论式微

人类是否崇尚公平

古典经济学认为人类是绝对理性的。但相较于理性，人类更遵从生物本身的算法，这套算法与理性有相似的地方，但运作方式以及运算结果有时则与理性背道而驰。

古老的基因

解释人类的这种行为可以在对灵长类动物的研究中获取线索，动物学家弗兰斯·德瓦尔在对两只卷尾猴的对比实验中获得了令人惊喜的发现。德瓦尔让两只小猴子做一些简单的事情，然后在它们完成后奖励每只卷尾猴一片黄瓜。起初它们很开心，但当将其中一只猴子的奖赏变为一颗葡萄，而另一只依旧奖赏黄瓜片时，被奖赏黄瓜片的猴子立刻变得愤怒不已，并将黄瓜片扔向了研究人员。

最后通牒博弈

最后通牒博弈有一个著名的案例：给两名参与者一百个金币，其中一个人负责为二人自由分配金币。如果分配结果得到了另一个人的同意，那么这两个人就可以按照分配好的金币领走金币。反之，这两个人将分文无获。

古典经济学理论认为人是绝对理性的，无论第一个人提出多么不合理的分配方案，只要第二个人能够分到金币，那么第二个人就一定会同意这种分配方案。但事实上最后通牒博弈的参与者并不会轻易同意任人宰割的方案，只要被分配的金币太少，第二个人往往乐于展示自己的影响力。我们受情感控制，身体内的进化算法代替了脑力运算，一时之间愤怒、愉悦、开心、犹豫的情感以及伴随而来的各种行为，成为这种身体运算的结果。

并不冷静的人类

不同的人即使在同样的情境下，往往也会做出不同的判断，采取不同的行动。促使人类做出决定的内在机制不只有理性思考，我们体内蕴藏的进化算法也常常发挥作用。

最后通牒博弈

最后通牒博弈是一种由两名参与者进行的非零和博弈。甲乙两人分配资源，甲提出方案后，乙同意，则二人按照这种分配结果得到资源；乙不同意，则二人均不能得到资源。按照理性假设，甲只要将少量资源分配给乙，乙就应该同意。但实际进行的实验则表明，只有给乙分配足够的资源，方案才可能通过。

> 方案一：我99%，他1%；
> 方案二：我50%，他50%；
> 方案三：……

得出结论的方式

感性和理性都属于意识的范畴，是两种不同性质的意识。感性是非参照性的意识，而理性是具有参照性的意识。

理性	理性是人类能够运用理智的能力，通常指人类在审慎思考后，以推理方式，推导出合理的结论。
感性	感性是人类经由感官，对于某种事物产生直接感觉与情绪的一种能力，不需要推理过程。

战争揭示了我们的本质

大批民众和小团体在合作上的巨大差异

最后通牒博弈和卷尾猴实验往往会使人们认为人类以及动物都是崇尚公平的。如果当真如此，阶级以及贫富差距就不会出现了。

强大的帝国

通过对大规模群体的观察，可以轻易发现，人类并非像小团体中表现的那样崇尚公平正义。事实上他们在面对弱势群体时的态度和他们在围捕一只小鹿时表现出的态度一样决绝。在实验室里发现的规律在面对芸芸众生时可能完全失效。在古代，统治者们酒池肉林，而被统治者却出奇地愿意为统治者肝脑涂地。在战争中，将领并不一定是武力最强的一个，但却可以让自己的士兵出生入死。士兵们拿出的非凡勇气与他们可能获得的回报之间或许并不等同，因为对于生物体来说，让自己活下去才是第一要务。不难看出，大规模群体与小团体在合作上具有极大的差别。

想象的秩序

假设有两拨人要瓜分一批利益，但两拨人都因为人数众多而不得不各自推举出一名代表。这两名代表在私下或公开商定瓜分比例之后，各自得到利益然后通过赏罚进行分配。为了确保分配的"合理性"，分配者必须制定出自己的分配依据，并许诺没能分到利益的人死后或者来世的安乐。于是相信同一套故事体系的人团结在一起做一件事情就变得并不太难，这也是人类能够大范围灵活合作的基础。

不均等的分配

　　人们普遍接受了社会上财富、权利以及资源等的分配不均，并在这种社会规则里努力提升自我的价值以及财富的占有。帕雷托法则从统计学的角度总结分析了这种现象，而长尾效应则提出了另一种观点。

帕雷托法则

　　帕雷托法则，也称为二八定律，指在众多现象中 80% 的结果取决于 20% 的原因。这一法则揭示了社会资源分配的一个普遍规律：在社会上 80% 的资源集中在 20% 的人手中；在软件工程上，接近 90% 的计算机程序执行次数发生在 10% 的程式源代码上；在图书资讯学里，20% 的馆藏图书满足了 80% 的读者需求。

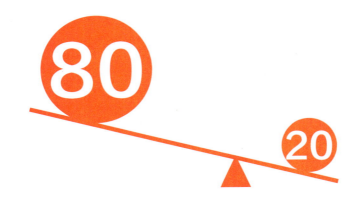

长尾效应

　　长尾效应，最早用来描述亚马逊等网站的商业和经济模式，指那些销量小但种类多的产品或服务由于总量巨大，累积起来的总收益超过主流产品的现象。该理论分析认为，经营管理者应该反向思考，不再只是集中精力于前 20% 主要产品，而应该重视 80% 不怎么抢眼的"长尾巴"。

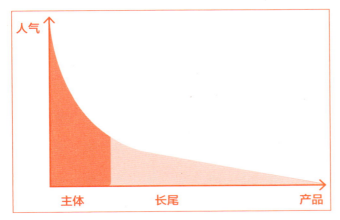

长尾理论示意图：纵轴为"人气"，横轴为"产品"。

互为主体的事物

主观愿景构建了货币与价值

许多人乐意接受将现实分为主观现实和客观现实的观念，但有些东西既不完全属于主观现实也不完全属于客观现实。

_____

📡 一文不值的纸币

20 世纪 80 年代，缅甸的货币经历了一段极其动荡的时期。起先，政府毫无预警地宣布面值为 25、50、100 的缅币不再是法定货币，于是忽然之间民众的积蓄变成了废纸。后来政府又开始发行面值为 15、35、75 的缅币，随后又废除了面值为 35 和 75 的纸币。发行纸币又废止的政府行为，有时摧毁的不只是家庭以及社会制度，好在人们愿意相信自己的政府不会轻易废止自己国家发行的纸币。像纸币这样朝夕之间就烟消云散的还有许多，包括法律。

📡 信念的衰竭与重生

为什么在教堂结婚会有意义，又或者参加某项活动有意义？因为朋友们觉得有意义，认识的人觉得有意义，甚至连不认识的人也会觉得有意义。所以这样的事就显得意义重大，有如公共场合应该穿合适的衣服以及在特定场合摆出特定表情一样显得意义重大。中世纪的基督教徒与异教徒作战，不惜献出生命，因为教皇许诺他们死后会升入天堂。这是历史铺陈的方式。

纸币的产生与内在意义

　　在经济学中，货币特指人们用来向其他人购买物品或劳务的一种资产。货币的直接交换功能是它与股票、债券以及不动产等资产的最直接区别。

货币的产生

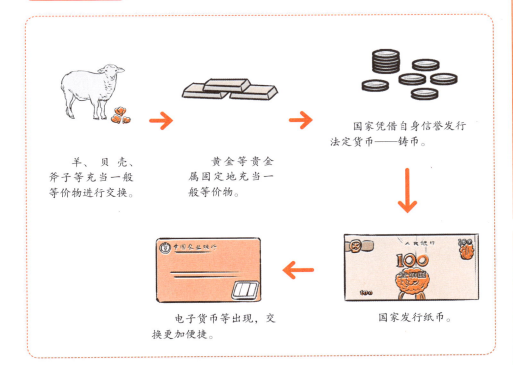

羊、贝壳、斧子等充当一般等价物进行交换。

黄金等贵金属固定地充当一般等价物。

国家凭借自身信誉发行法定货币——铸币。

国家发行纸币。

电子货币等出现，交换更加便捷。

货币的分类

　　货币按照是否具有内在价值可以分为商品货币和法定货币。在中央银行还没有发行法定货币的年代，商品货币承担了主要的交易任务。有时由于国家发行的货币不得人心，多数人采用商品货币，如第二次世界大战后的德国，民众曾以香烟代替德国马克作为日常交易媒介。

各国法定货币

大同世界

互为主体的现实

智人之所以能够统治世界，就是因为智人能够编制出互为主体的意义之网。利用这个网络，可以使用尽可能少的资源调动更大的力量，短短几句话就有可能扭转千军。正是因为有这样的网络，智人才能够建设出现今的文明。智人通过虚拟意义间接使人本身也有了存在的意义。

其他动物的想象力

许多其他动物也拥有一定的想象力。被锁在家里的拉布拉多在听到主人回家的声响后会变得兴奋，它可能想象出主人的样子甚至是带回来的狗粮的味道。但是就目前的研究来看，其他动物还无法想象出一些本不存在的东西，比如纸币、网络甚至国家。因此它们的现实只有主观现实和客观现实两类，并不存在互为主体的现实。动物的沟通系统只能用来描绘现实，无法想象过于虚幻的前所未有的世界。互为主体为智人赋予了极大的力量，这种力量可以决定其他物种甚至地形、地貌等在地球上的去留。

人文科学与自然科学的分歧

互为主体的现实让智人既是一种平常的动物，又成为一种难以捉摸的神人，而这也成为人文科学和自然科学的主要分歧所在。历史学家们不会忽视天气以及地理因素对于人类历史活动的影响，但他们更重视人们虚构出来并信以为真的故事。而生物学家们则更倾向于弄清楚神经元与遗传密码，人类也只是一种普通的动物，没有永恒的灵魂；而思想和意识也不过是人脑中一些还未被清楚认识的算法罢了。

21世纪及以后，虚构想象可能会成为世界上最强大的力量。如果想要获取更强大的人类潜能，单纯破译基因组及各种数据远远不够，我们必须更清楚地破解智人意义之网。

三大科学领域

科学是通过经验实证的方法，对自然现象、社会现象等进行归因的认识方法，包含自然科学、思维科学与社会科学三大领域。

自然科学

自然科学是研究大自然中事物和现象的科学，根本目的在于寻找隐藏在自然现象背后的规律，并不解释为什么会存在这些规律。

自然科学最重要的两个支柱是观察和逻辑推理，一个超自然的事物是不存在的。

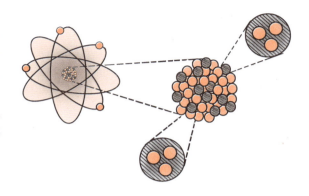

思维科学

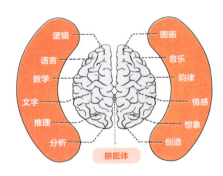

思维是人脑的机能，人脑是思维的器官。

思维科学是研究思维活动规律和形式的科学，是研究人的意识与大脑、精神与物质、主观与客观的综合性科学。

社会科学

社会科学用科学的方法研究人类社会的种种现象，如社会学研究人类社会，政治学研究政治、政策和有关的活动，经济学研究资源分配，另外还包含了人类学、犯罪学、哲学等学科的综合性科学。

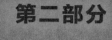

第二部分

智人为无意义的世界
创造意义

第七章
虚构的世界

想象中的神
给人以重组人类社会杰出组织技能的力量

秩序是虚构出来的。在古代，它的象征是神；在今天，它的象征是国家。

神与古代社会

尽管很久以前的猿人是我们的祖先，但那时他们与我们完全不一样。事情开始发生改变，是在大约 7 万年前的认知革命时期。那时由于智人思考能力的进化，产生了复杂的语言交流。对于世界的好奇使他们开始用故事的方式描绘世界，并想象有一些伟大的力量在背后操纵这个世界。这就是神话与传说的肇始。随着农业革命的开展，社会有了职业分工，人不再是单纯的采集者或猎人，一个社会足以供养一批专注于统治和战争的人，原始部落也从此逐渐演化为国家。最初的征服者们将他们的神话与宗教施加在了被征服者的头上。

于是，神成了新式组织"国家"的象征。它们的神话变成了事实，它们的存在似乎也不容怀疑。尽管它们只存在于想象和虚构之中，但现实中的神职人员则替代这些神明执行着它们的统治。一个名为神的虚构概念成了维系社会的核心。

古代与现代之间

随着文字与货币的出现、交通条件的改善，宗教逐渐走向世界。神的权威逐渐被科学的光芒所掩盖，国家及其他组织则取代宗教成为一个新的虚构实体。它们就像一个巨大的意志，默默操纵着整个社会；但它们又是不存在的，实际上运转着它们的正是人类自身。一个个的虚构，创造出了人类社会的秩序。

虚构的演化

人类在漫长的历史进程中，总是依靠虚构来维持着自己的世界。虚构使人类合而为一，使人类走上了统合的道路。

在认知革命前，人类主要依靠采集和狩猎生活，形成了自发的组织。他们没有神话和精神象征，只为自己的生存而获取食物。

认知革命之后，特别是农业革命以后，社会分工日益明确，一些神话被创造出来。有的人被认为可以与神对话，他们被选出来代替神明指导人们的生活。

在今天的社会里，尽管没有了神，但国家依然是我们服务的对象。我们有自己是某国公民的意识，也受到了整个国家环境氛围的影响。

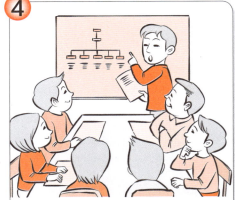

公司是一个签约盖章成立的组织，公司里的人则会驱使大家为公司工作。

让虚构不再受限的文字
带来强大的虚构实体并给世界以秩序

语言使虚构得以建立，也让虚构下的组织得以运转。而文字则让虚构有条件成为一种传播范围更广、持续时间更长的虚构，甚至让虚构中的组织统治整个人类。

文字与社会秩序

在人类只有语言没有文字时，虚构出来的神话只能依靠口耳相传。这种不可靠的做法固然能保持传承者——或许是巫师——的神秘性，但人脑总是有限的，人不能只靠大脑就构思出一个详细的、逻辑完善的神话世界。文字的出现则使这一问题迎刃而解。祭司们可以将神话写在泥板或者莎草纸上，仔细厘清神话之间的联系，为他们的神构造一个完美的世界。这个虚构的世界则成为神明们现实力量的源泉。神明的存在肯定了祭司们和贵族们存在的合理性，也赋予了他们操纵民众的权力。

虚构的威力：埃及的秩序

在古代埃及，祭司和贵族一起构建了古代的官僚组织。这个从下到上等级森严的组织，其顶端则是神的化身法老。人是神，在今天看来是一个非常可笑的谎言，但这一虚构在当时就是一种普世价值。人们相信着它，并接受神的驱使，为神修建伟大的陵寝金字塔。为了维持这个神话虚构，埃及的法老只会和自己的姐妹结婚，这使得他们的后代越来越退化。

站在现在的角度来看，我们认为那些奇观是埃及或埃及人修建的，一如我们认为法国或法国人修造了自由女神像一样。劳作的是具体的人，虚构却将它们纳入了自己的范畴之内，从而获得一种源源不断的自我肯定的力量。

文字与秩序

　　继火的使用之后，人类最伟大的发明莫过于文字了。文字诞生之初就用于记事和交流，而这也是组织运转当中不可或缺的两点。文字将组织乃至社会整理成了一个有条有序的系统，这个系统也依靠文字高效运转着。

文字与虚构

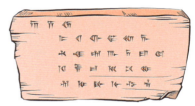

　　没有文字的时代，交流仅限于当面，这局限了交流的人数、深度以及持续时间。这也限制了国家的规模，没有文字的国家是无法发布政令的。

　　有了文字以后，去设想和构建一个不存在的世界或者一个实际存在的组织变得容易了许多。上图中的楔形文字诞生于两河流域，是世界上最早的文字之一。

虚构主体的变迁

　　法国修造了自由女神像送给美国。今天我们认为这样描述很正常。

　　古埃及修造了金字塔，在今天看来或许应该这样描述。但既然那时的埃及至高无上的实体是神，那么在埃及人看来，修造出金字塔的或许是神。

威力无穷的文字

塑造现实与重塑现实的双刃剑

文字的最终体现是人脑中的意识。事情并不会因为写在了纸上就成为事实。有时误认的事实还会使人蒙受损失。

虚构在苏联的破灭

20 世纪 50 年代的苏联刚刚从战争的阴影中走出来。苏联在近代化的过程中就一直重视工业的发展，战争更是推动了重工业的繁荣，反观农业却一直维持在一个很低的水平。因此新的国家领导人上任之后，决定将眼光放在提升粮食产量上。由于受到了来自中央的压力，为了短期内达到目标，梁赞州不惜大量屠宰牲畜乃至虚报产量。账面上漂亮的数字麻痹了中央的领导，他们满意地以为肉类产量翻了一倍，超过了原定的目标。但通过错误的手段得到的账面数字只能维持这一年，这个明目张胆的虚构很快就被揭穿。

虚构在中国的破灭

苏联迫切想使国家生产能力超过美国的举动也感染了中国。在 20 世纪 50 年代的中国，中央同样提出了超英赶美的口号。写在纸上的目标与现实之间存在着难以填补的差距，但达到目标则是在国家这个体系当中保留自己一席之地的唯一做法。那么，既然上面用文字堆砌出了一道高大的屏障，下面当然可以折一架纸飞机轻松地飞过它。各地开始一级一级地谎报粮食产量，原本只能有几百斤的粮食亩产最终被上报成了几千甚至上万斤。工业方面，为了提炼更多的钢铁，许多农村开展了土法炼钢，将现成的铁制品统统回炉重铸，但炼出来的钢根本就不能使用。为了提供炼钢所需的燃料，人们大规模砍伐树木，严重破坏了环境。为了一个纸面上的目标，中国也付出了沉重的代价。

虚构的脆弱性

　　虚构是社会运转的可靠保障，但同时它也是脆弱的。有时虚构会很快地破灭，有时它又会快速被另一种虚构所替代。

　　中国古代的开国皇帝们都喜欢给自己加上几个颇具神秘意味的传说。最常见的是说自己出生时天上有五彩祥云或有神龙现身，再者就是得到过神启云云，以此证明自己乃是真命天子。例如，《史记·高祖本纪》中就记载，刘邦出生时他的父亲"见蛟龙于其上"。

　　尽管这样一种传说能建立起神权式的统治，封建帝王们依然有可能被取代。不满的农民会站起来反抗——尽管最终成功的人并不多。但无论最终胜利的是谁，他们总会重新建立起同样的传说，来确保自身的统治权威。

　　近代以来，一种新的虚构取代了君权神授的理论，那就是天赋人权。法国大革命时，《人权宣言》宣布，人生来就是而且始终是自由的。人权与曾经的神权一样，成了一种不证自明的真理。这种理念很快取代了君权神授的理论，成了建立近代国家的基础性虚构。人权的神话是否有一天会像王权的神话一样迅速崩塌？我们不得而知。但无疑它是不可靠的。

徘徊于真假之间

当文字虚构成为现实

尽管文字虚构十分脆弱，但它的力量无疑依然是强大的。更多的情况下，文字会成为现实，而现实则不得不屈服于文字的脚下。

🎐 从银行卡说起

电磁信息在本质上和语言并没有区别。记录电磁信息的银行卡则是信息的载体。在银行卡防盗措施不完善的年代，可以通过复制整张银行卡中的所有信息，得到一张一模一样的卡。犯罪分子拿到了记录着真实信息的虚假卡片，可以通过自动取款机提取现金。这是语言虚构能转变成现实利益的一个非常好的例子。

🎐 非洲的边境

或许在世界地图上，没有非洲与中东地区方方正正的国界更叫人感到奇怪的了。其他各国的国境弯弯曲曲，但有些非洲国家的国界却方方正正。这正是现实屈服于文字的后果。

近代，较为落后的非洲迅速被欧洲列强占领。为了合理地分配利益，欧洲的国王乃至政客们需要在会议桌上争执很久。这种情况下讨论出的殖民地边界，显然越具体越不便于讨论与管理。因此他们画下了工整的边境线。二战以后，由于无力管理殖民地，各国不得不支持殖民地的独立。大多数殖民地就这样建立起了自己的政府，没有经过以民族为根本的革命，因此保留了原本荒唐的边境。在这样的边境中基本不存在民族国家，使用不同语言、不同民族的人不得不生活在同一个国家里，违背了近代民族国家的原则。尽管如此，各国至今依然维持着这样一个愚蠢的边境线，不得不服从于上百年前几个欧洲官僚的大笔一挥。

虚构与权力

　　虚构之所以有成为现实的力量，是因为创造那些虚构的主体拥有了越来越大的权力。权力框架下的虚构表现为一种权威，即使它是虚假的或者不符合事实的，也会得到公众的承认。换句话说，它会成为现实。

　　文字虚构可以强化权力，权力则将自己的一部分分享给文字虚构，两者互相强化。因此当权力足够强大的时候，虚构也会得到很大一部分权力。

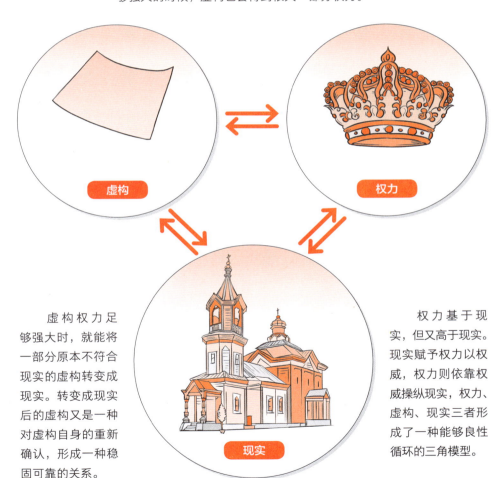

虚构

权力

现实

　　虚构权力足够强大时，就能将一部分原本不符合现实的虚构转变成现实。转变成现实后的虚构又是一种对虚构自身的重新确认，形成一种稳固可靠的关系。

　　权力基于现实，但又高于现实。现实赋予权力以权威，权力则依靠权威操纵现实，权力、虚构、现实三者形成了一种能够良性循环的三角模型。

让虚构变得更有用

宗教与教育的真实目的与意义

自古以来，引导人类思想的就是宗教。近代以后，教育在一定程度上取代了宗教，成为谐调社会的一大关键。

宗教在古代

宗教是古代最强力的虚构。宗教的经典则是建立虚构的根本。一些宗教的经典通过暧昧的说理使人信服，另一些宗教的经典则通过模糊的预言使人觉得可靠。宗教逐渐在辩论中形成一套公认的世界观，并得到信众的认可，这也使整个虚构趋于完善。

同样在这一过程中发挥重要作用的还有教育。宗教是一种深入日常生活的哲学活动，因此对古代的人来说，最可能使用文字的场景应当属于宗教活动。那么教育的责任也理所当然是为宗教服务。因此，人们能进行自由思考与辩论的场合就更少了。

教育在近代

尽管在科学革命之后人类逐渐摆脱了宗教的愚昧与束缚，但教育普及带来的结果只是让一种虚构取代了另一种。教育与宗教一样，声称自己传达的是真理。他们也确实在指导人们怎样理解和适应当下的社会，并且为人们融入社会提供了一个评价体系。大家都默认了规则的存在，不管那是明文规定的还是私下默认的。显然，教育承担的责任与宗教并没有什么区别。

尽管如此，宗教依然为教育起到了非常好的范例作用，从一种有序的社会体系过渡到另一种有序的社会体系。而这种体系的核心——虚构，却没有实质上的改变，这才是近代的本质。如今，新的评价标准几乎彻底取代了旧式评价标准，然而旧式标准依旧存活在理念之中，正如它一直标榜的一样。

宗教与教育

　　宗教与近代教育两个看似互相违背的概念，实际上既有历史联系，又有内在联系。尽管今天在绝大多数地区，宗教不再是决定事务的首要依据，但它的内在法则依然影响着现代社会。

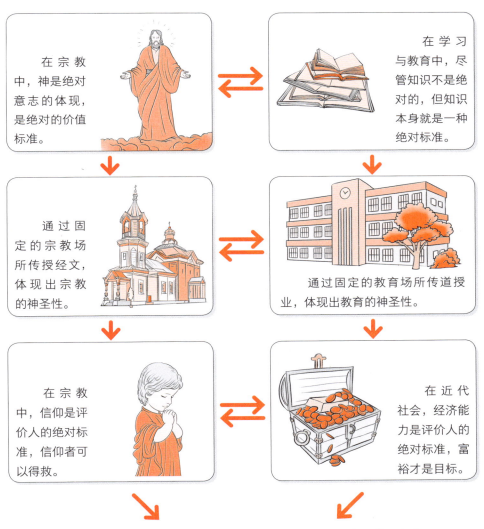

在宗教中，神是绝对意志的体现，是绝对的价值标准。

在学习与教育中，尽管知识不是绝对的，但知识本身就是一种绝对标准。

通过固定的宗教场所传授经文，体现出宗教的神圣性。

通过固定的教育场所传道授业，体现出教育的神圣性。

在宗教中，信仰是评价人的绝对标准，信仰者可以得救。

在近代社会，经济能力是评价人的绝对标准，富裕才是目标。

　　综合宗教与教育的共通点，可以得出以下结论：有目的、合乎规律、承认绝对价值的人才有资格更好地在世界上谋生。这并不是鼓励人去做墙头草的意思。与其这样认为，不如说，人不知不觉中会更倾向于适应这种环境，即使这样的环境仅仅是一种虚构。

虚构与冲突

目的化的虚构

虚构的存在是为了构建秩序。但是当虚构成为目的时，它将会带来漫无止境的冲突与破坏。

〰 当虚构成为目的

虚构实体得到的利益并不一定能很好地分配给实体中的人。早在原始社会，虚构尚未诞生时，人类甚至不需要为下一餐吃什么发愁，因为他们只需要进行狩猎或采集，整个大自然都是他们的庄园。这样一种状态在今天看来无疑在心理上是幸福的。但是进入了存在社会秩序的虚构时代以后，世界就改变了。

一个强盛的国家，你并不能认为它的人民生活得一定幸福。一般而言，一个强盛的国家意味着高效的行政管理，这也意味着更多人可能面临沉重的税收乃至兵役。尽管受到生命威胁的可能性减少了，贵族很可能也过上了更加有修养、更加奢华的生活，但大多数平民与此无缘。因此，虽然国家富强了，可以认为虚构的国家就因此得到了自我实现吗？显然这无助于人类整体幸福。虚构的最终目的是为人类服务的秩序。虚构不能自我实现，或者说，让虚构自我实现并不是一种好的方法。

〰 虚构与冲突

强盛的国家由于内部冲突较少，转而将剩余的精力耗费在通过战争扩张自己的价值观念上。例如，中国在东方通过征伐或朝贡贸易，传播虚构的华夷秩序；再例如，中东土地上两大一神教激烈的流血冲突，也是基于虚构的冲突。耀武扬威的战争，最后使无数人失去了生命，目的化的虚构只会带来灾难性的后果。虚构作为一个体系，本身不能作为一个终极的目标。尽管它能自圆其说，但它的自我实现并不能带来普遍的幸福。

冲突与秩序

　　在成千上万年来的虚构之下，人类为了捍卫虚构的正当性，冲突频频。但虚构本身只是维系社会的一种工具，目的化的虚构只会带来伤害与冲突。

为了神

一千年前

为了民族

一百年前

　　不论是一千年前还是一百年前，人类都会为了捍卫各自不同的虚构而流血。

赚钱养家

两百年前

赚钱养家

现在

　　不论是两百年前还是现在，大多数人都是流水线上的工人，为了微薄的薪资耗费时光。

第八章
在科学与宗教之间

和而不同
宗教虚构与科学虚构

尽管古代与近代的社会基于两种内在很相似的虚构，但是它们两者之间依然存在一定差别。

科学也是一种神话吗

如前所述，虚构一直是维系社会秩序的根本。那么，我们是否可以认为，作为现代社会基础的科学也和宗教一样，在本质上是一种神话？

尽管宗教与科学都是维系某个社会的根本虚构，扮演了类似的角色，然而它们之间却有本质上的区别。宗教虽然能自圆其说地解释一些现象乃至一些规律，但它并不能教会人怎样去改变它。面对自然灾害，原始的巫师或许会点燃篝火，登上山顶，屠宰一只牲口。但是现代的科技却可以预言灾难的到来，并在灾难过后防止二次灾害的发生，例如流行病与饥荒等等。可以说，在这一方面，我们已经做到了以前我们希望宗教帮助我们做到的事情。

成为新神话

科学与神话之间存在着是否能用来改变物质世界的区别，那么就这一层意义而言，将科学定义为神话是一种错误的做法。但是从另一层意义上来说，既然科学正在实现在以往看来就是神话的事情，那么也可以说科学正在成为一种新的神话。这种神话指的是，实现在以往看来就像奇迹一样的事情，而不是成为一种虚无缥缈的假象，例如永生，例如创造新的生命。人类可以逐渐依靠科技改造现实，使它越来越符合想象。但是，这种神话式的科学并不会取代神话的地位。新时代的新宗教依旧会统治人类，同样的，我们并不知道它能否被摆脱。

科学与宗教如何面对现实

科学与宗教在面对不同的现实情况时，能发挥完全不同的作用。尽管我们相信科学为我们带来了进步，但科学理论本身是否又会变成一种新的神话？

在宗教统治世界的时代，宗教的效用主要体现在组织社会运行这一点上。涉及疾病与自然灾害的时候，宗教会通过调动人的积极性，

带来更好的结果。但是这并不能带来可靠的稳定的结果。更多的时候人类会无助地祈求神明的帮助，但这并不会带来任何实际影响。

疾病　　灾难　　合作

人

在科学统治世界的当下，尽管科学能够帮助我们更好地解决问题，例如组织高效的合作网络、治疗顽疾、防止灾害等等，但是科学的一些原则也在逐渐统治我们的未来。例

如在社会科学名义下的国家与组织，它们是我们现在生活与服务的主体。不仅如此，科学也让人类与神话之间的界限逐渐模糊，人类未来的生活在今天看来或许就像天方夜谭一样。

自然还是超自然
宗教与秩序

　　支持进步观念的人认为，宗教就是迷信。但是就绝对性而言，科学不也是迷信吗？宗教与科学最大的区别，在于伦理。

宗教就是迷信吗？

　　解释迷信这个词语有两种不同的方向。一种是指相信超自然的现象，另一种则是指盲目地相信。从根本上来说，相信超自然现象也可以被定义为盲目地相信，因此迷信最重要的意义应当在于盲信。

　　在信仰宗教的人眼里，神明是存在的。就像在我们的眼里，国家是存在的一样。那么，相信国家的存在可以称为迷信吗？如果要赋予当下以一种合理性，那么就不能够剥夺历史的合理性。宗教的本质就不应当也不可能被定义为迷信。

宗教的本质在于伦理

　　既然宗教不能被定义为迷信，从构建秩序的角度出发，可以认为宗教的本质在于伦理。尽管宗教中的神或许并不存在，但是宗教的体系当中有创始人以及后来的圣人们。他们的教谕一方面继承了千年以来社会生活中形成的一些习惯，另一方面就人与人、人与自然之间的见解也有新的看法。由于宗教教谕的神圣性，它将融入社会，成为日常生活当中默认并遵循的伦理。

　　近代社会之后，启蒙思想家和他们的后继者做的事情也并没有什么区别。不管是天赋人权的思想，还是社会契约的理论，都是先验的、独立于社会发展的固有法则。尽管在 18 世纪之前并没有人这样主张过，但这无碍于它们成为当今普世价值观念的基础。

宗教的伦理本质

　　尽管关于宗教的性质有多种多样的见解，但是如果将这样的见解划分为信徒的见解和非信徒的见解，我们可以发现，非信徒认为宗教就是迷信，但信徒却认为宗教代表的是一种生活的秩序。

"宗教就是超自然"

　　一些不信仰宗教的人认为，恶魔、幽灵等超自然现象都是虚假的，因此相信它们存在的人就是迷信的人。但是，这些无神论者并不能证明神不存在，他们只能使用错误的逻辑论证推导出神的不存在，但这样的证明并不可靠。

"宗教就是盲信"

　　有的无神论者认为，宗教就是盲信。他们认为信教者会无条件地接受神的教诲和相信神的存在，然而事实上他们自己也相信人类的进步，相信人类的平等，实际上它们的存在与神的存在一样虚无缥缈，不可证明。

宗教就是伦理

　　事实上，宗教并不是一种迷信。所谓宗教，是构建秩序的一种方法。这种方法体现在人际关系上，就是伦理。伦理赋予人的行动以合法性，同时也能约束人的举止，总而言之就是一种高于一切人类意志的公认法则。

自然法则

↙ ↘

宗教法则　　**近代社会法则**

教条式的现代伦理

　　实际上，现代社会的伦理与宗教统治世界时的伦理并没有本质上的区别。如同宗教的伦理将上帝的存在作为绝对前提一样，我们也将平等、民主、民族等理念当成绝对的伦理前提。并且，无神论者与信仰宗教者都认为，他们相信的伦理都源于自然的法则，是确定的和公认的。

秩序还是反秩序

灵性与宗教

宗教的本质并不在于对灵性的思索，这样的思索也不是宗教所独有的。

灵性的含义

认为宗教的本质在于伦理或者在于秩序的说法或许并不能让信教者感到信服。一些信教者或许会认为，宗教是一场灵性的旅途，它会给人以启迪或解脱。他们还认为，宗教会教导他们寻找自我，寻找世界的真谛。

灵性与新秩序

个人的思索乃至顿悟有可能对社会的伦理秩序造成威胁，从这一点来说，灵性与宗教处于既对立又重叠的位置。宗教改革就是一个很好的范例。那时基督教已经在欧洲形成了非常完善的秩序——人生来就有原罪，教会权威来自上帝，因此教会有权赦免罪恶，所以人们可以通过支付金钱给教会来获得赎罪的证明。

打破这一秩序的则是德国的一个普通神父路德。他质疑了这种做法。在那之前，基督教并不允许非神职人员解读《圣经》，并且拥有《圣经》真正解释权的也是罗马的教宗。但是在路德质疑后，越来越多的人认为信仰不需要专业神职人员的解说，基督教才变成了今天这个样子。就这样，新教通过对灵性的思考，建立新的秩序，这恰恰说明灵性与秩序原本就不矛盾，或者换言之，真正的灵性往往会导致旧秩序的崩塌与新秩序的建立。

除路德之外，类似的例子比比皆是。例如，王子悉达多在沉思之后创立了反对种姓制度的新宗教；穆罕默德亦在沉思之后创立了废除多神信仰的一神教。它们都是宗教，但它们依然在构建出来的社会样态上有区别，这样的有别之处才是不同宗教对人最大的影响所在。

灵性与新秩序

　　尽管对灵性的思考看上去是一种作用于个人的过程，但是很多时候它却慢慢实现了历史的变革。这样的变革是一个不算非常激烈的过程，但同样的过程也可以适用于纯粹的哲学思考，以及各时代的思潮，因此不能算作属于宗教的独特本质。

从思索到颠覆

　　在通向新秩序的过程中，首先会有思索。思索就是通过人脑重新审视个人生活乃至社会运行的逻辑，并对其提出质疑。在质疑之后如果得出了革命性的结论，我们就能将它称为启迪。得到了启迪之后，通过传播这样的新思想，旧秩序就会被颠覆。

思索

启迪

颠覆

秩序循环

　　灵性打造新秩序，并不断更新着秩序。既存秩序的不合理部分会使人产生思索，而思索推动的变革又将或缓慢或激进地改变秩序。秩序与灵性形成了一个良性循环，推动社会改进。除了宗教，女权运动、工人运动其实都可以纳入这个循环的范畴。

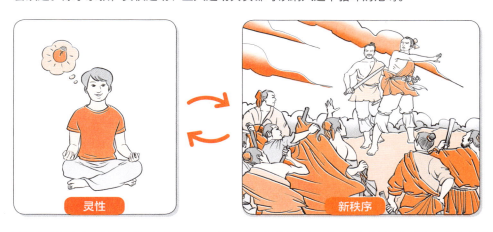

灵性

新秩序

是敌是友

科学与宗教的关系

人们对科学与宗教之间的关系有两种比较经典的见解，但是它们都是错误的。

科学与宗教是对立的吗？

一种观点认为，科学与宗教相互对立，宗教是蒙昧的代名词，而科学则是开化的代名词，科学通过不断斗争终于赢得了伟大的胜利，世界从此变得更加理性，更加进步。

从某种程度上来说，科学不只是在驳斥宗教。例如，近亲结婚的宗教禁忌被科学证明是与遗传有关。这时科学赋予了宗教观念以一种新语境下的合法性。不仅如此，仅凭科学，社会的秩序无法成立。我们依然在沿用许多旧时代的伦理原则。科学可以教育我们红灯停绿灯行，但不能告诉我们为什么一定要像这样珍惜生命。两者并不对立，只是负责的主要领域有所区别而已。

科学与宗教是互不相干的吗？

那么，宗教与科学是否属于两个不相干的领域，科学负责讨论事实，而宗教则负责讨论伦理呢？

首先，科学研究有时不得不涉足伦理的领域。例如之前提到过的改造基因等等。这时信守伦理的人会对这样的研究表示坚决反对，而研究者也并不能在伦理的框架内说服他们。讨论事实的过程和遵守伦理的过程交叉时，必定会产生这样的冲突。

这是因为，宗教在决定了绝对伦理标准之后，将会继续沿着标准讨论事实。例如，由于上帝造人，生命神圣，因此改造生命不符合伦理。进一步来说，放在非宗教的社会条件下，类似宗教伦理的观念也会影响讨论事实的方法。例如，由于天赋人权，那么经大规模改造过的人既然不能与人繁衍后代，就不能被定义为生物意义上的人，他还能算法律意义上的人吗？

从绝对前提走向干涉事实

人们利用宗教教条乃至当今普世价值中的一些绝对的观念推导出如今社会中多种多样的伦理。遵循伦理的人则认为，事实必须符合伦理，否则就是不正确的。这对科学研究产生了一定的影响，两者的冲突在可以预想的未来将越来越激烈。

在伦理的系统当中存在不可颠覆的大前提，无论任何情况下都必须得到绝对遵守，例如基督教中的上帝的造人。

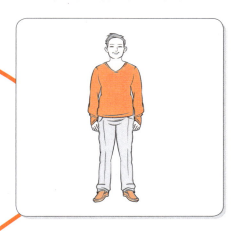

既然有了绝对的前提，那么从前提当中就可以发展出伦理。例如，由于上帝造人，上帝具有神圣性，那么人本身也具有神圣性。

得出这样的伦理规则之后，就会得出更多细化的伦理规则，例如基督教徒不能自杀，这种行为与杀人罪无异，生命是上帝给的，所以杀人就是触犯了人的神圣性。

那么，如果科学研究触及了这样的伦理，一些遵循伦理的科学家首先就可能会放弃类似的研究。但是，继续研究的人则会受到不断的批判。

科学与宗教的角逐

以宗教的历史为例（1）

尽管宗教会通过伦理干涉事实，但是如果伦理存在的绝对前提能够得到明确的否定，宗教将不得不承认自己的失败。

《君士坦丁献土》

众所周知，中世纪时，西方教会的权威高于国王甚至皇帝的权威，是基督教世界说一不二的主人。但是，教宗和教会只是上帝在世间的代理人，为什么会有管理世俗事务的权力呢？

这都是因为一项大约伪造于 8 世纪的法令。这项法令被认为是虔诚的基督教徒皇帝君士坦丁一世写的，法令规定将罗马乃至罗马帝国西方的统治权交给罗马教宗。9 世纪时，查理大帝获得教宗加冕，并依靠这份文件获得了成为皇帝的合法性。此后教宗也时常使用这份文件要求世俗领主听从自己的命令。

这份文件含有的伦理判断首先是，诞生基督教的罗马帝国是一个合法的帝国，它的法令应当得到极大的尊重。此后继续声明，君士坦丁将西方帝国赠送给教宗，这是一个被认定的事实。那么最终得出的结论就是，从伦理上来说，欧洲应当听从教宗的意见。

权威扫地的教会

尽管这样一个判断的流程也非常紧凑，然而一切判断的成立依然需要一个重要的前提，这个前提并不是上帝是否存在这种难以被证伪的命题，而是这份文件到底是真的还是假的。1441 年，著名的人文主义者瓦拉证实，《君士坦丁献土》中的拉丁语措辞乃至语法在 4 世纪的拉丁语中根本不存在。虚假的事实被戳穿之后，教会不再援引这份文献作为自身权威的证明，教宗权威也更是走向没落。

教宗世俗权力的建立与破灭

如果宗教对事实的干涉建立在一个不可靠的事实或者理论的基础之上，当这个事实或者这种理论被推翻时，宗教伦理就失去了干涉事实的口实。

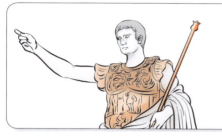

首先，最大的前提应当是，行政法令越古老越有效。欧洲中世纪皇帝都依靠继承罗马的地位获得法律上的正统性，因此必须承认罗马帝国的权威。

然后，8世纪至9世纪，某任教宗伪造了《君士坦丁献土》，声称西方帝国已经被罗马的皇帝君士坦丁赠送给教宗。

既然欧洲在法理上应当属于教宗，那么欧洲的封建主、民众当然应当听从教宗的意见。

如果这份《君士坦丁献土》被证明是假的，那么教宗自然就会失去合法的世俗权力。即使人们依然承认罗马的地位和权威，那也和教宗没有关系。

科学与宗教的角逐
以《圣经》的历史为例（2）

《圣经》被犹太教徒乃至基督教徒视为绝对的经典和衡量一切的标准，但是实际上《圣经》本身也是逐渐被写出来的。

《圣经》中的同性恋禁忌

《旧约》的《利未记》当中，有几段反对同性恋行为的文字。《利未记》是《旧约》最古老的经文《摩西五经》之一，被认为是在三千余年前由圣人摩西写就的。如果这是事实的话，依据经文的神圣性，以服从上帝为绝对前提，既然上帝反对同性恋行为，那么人类也应当反对同性恋行为，从伦理判断到事实干涉一气呵成。但是，如果经文的神圣性值得怀疑呢？

《圣经》的历史与神圣性

尽管科学手段并不能证明上帝是否存在，但作为文本的《圣经》必然有史可循。

犹太人的历史最早可以追溯到公元前 13 世纪，传说那时的犹太人受到了埃及人的奴役，在先知摩西的带领下，来到了今巴勒斯坦地区定居。公元前 11 世纪时，犹太人建立了自己的王国，大约从这个时期开始，犹太人开始编纂一些宗教文献。公元前 586 年，两河流域的新巴比伦王国彻底吞并了犹太人国家，并将犹太人带去首都巴比伦做奴隶，称"巴比伦之囚"。受难的犹太人不断地祈祷着，终于在公元前 538 年，波斯人毁灭了巴比伦，犹太人解放了。犹太人视波斯王为上帝派来的使者，进一步坚定了信仰。也正是在这一时期，犹太人逐渐编订完成了《摩西五经》。

既然《旧约》本身成书的年代就与接受上帝圣谕的摩西相去甚远，又有什么依据认为其中的内容都是上帝的旨意呢？其中的一些内容更有可能只是随后几百年中一些神职人员的观点，因此以《圣经》为依据说明同性恋违反伦理是不正确的。

文献假说

文献假说，是一种关于《摩西五经》的假说。这种假说认为《摩西五经》原本是一批独立的经文，经由后人编辑与组合，成为《圣经》的篇章。一种较为普遍的观点认为，四份跨时四百年的文献是《摩西五经》的底本。

提出文献假说的是 19 世纪的圣经学家尤利乌斯·威尔豪森。19 世纪末，四份原始文献的假说逐渐成为主流，直到今天。

耶和华文献
（The Jahwist）

这一文献中将上帝统称耶和华，因此被称为耶和华文献。耶和华文献大约成书于公元前 950 年。

埃洛希姆文献
（The Elohist）

这一文献中将上帝统称埃洛希姆，因此被称为埃洛希姆文献。埃洛希姆文献大约成书于公元前 721 年前后。

申命记文献
（The Deuteronomist）

申命记文献是公元前 7 世纪时由犹大王国的祭司们书写的。

祭司文献
（Priestly Book）

祭司文献是公元前 6 世纪的巴比伦之囚事件之后，祭司们写出来的经文。

《摩西五经》
公元前 5 世纪，人们将上面的四份文献拼凑与改写，《摩西五经》最终成书。

最终目标
神圣性与科学性的矛盾与调和

虽然宗教与科学具有相同的目标，但统筹两者依然非常困难。尽管如此，在近代两者依然实现了合作。

神圣性带来的矛盾

由于宗教的特殊性质，宗教的事实判断本身就有可能成为一种伦理约束。也就是说，从宗教道德出发，信教者需要相信宗教圣典的教诲或神职人员的教导，即使圣典已经被证明不是圣人所写的也一样。怀疑或者用批判的眼光去看待它，似乎本身就是一种不可饶恕的罪过。

科学性与神圣性的调和

那么，是否存在一种方法调和信教者和信奉科学者之间的这种矛盾？比如说，信教者寻求的是死后的幸福，因此用伦理道德约束自己，并在约束的过程中感到快乐。信奉科学者则追求现实的幸福。既然两者追求的同样都是幸福快乐，在根本目标上没有不同，那么这是否代表两者之间的矛盾也是可以调和的呢？

遗憾的是，这样的调和方法一直都没有出现。尽管人类普遍追求着幸福快乐，但快乐本身没有衡量的标准。在快乐的取舍过程当中，必定会产生伦理上的问题。因此，尽管科学在伦理上有一定的发言权，但它并不能彻底摆脱宗教，重新定义伦理。毕竟没有宗教的话，社会的秩序无以为继。近代的科学家们，例如哥白尼、牛顿，尽管他们有惊天动地的大发现，但他们依然是虔诚的宗教徒。

实际上，宗教重视秩序，而科学重视力量。一个重视维系社会，一个重视改进社会。两者的并存不会带来问题。至于何谓真理，那并不是它们的终极目标，尽管在台面上这或许才是终极目标。所谓近代化，其实就是科学与宗教妥协的过程。

宗教与科学的矛盾和调和

如今看来，宗教与科学两者似乎水火不容，两者不存在调和的条件。但是放在近代，两者相辅相成，带来了我们当下生活的新时代。宗教创造的秩序给科学研究提供了条件，科学研究又推进了社会进步，创新者也信教，两者只在一些个别的发现上可能产生一些冲突。

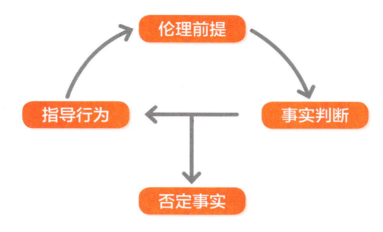

如上所示，宗教是一个封闭的自我完结的体系。宗教通过创造伦理前提，使伦理本身成为事实判断，并在依靠这种判断指导个人行为的过程当中，不断强化自身的合法性。但是科学则会从事实判断入手，指出一些错误的事实，打破了宗教的自我论证，这也是两者之间的矛盾产生的原因。

艾萨克·牛顿

众所周知，英国科学家艾萨克·牛顿是一个具有划时代意义的科学家，但与此同时他也是一个虔诚的宗教徒。他一直确信上帝是世界的造物主，但是在他看来，上帝只是创造了世界，他并不会干涉被创造出来以后的世界。因此在牛顿眼里，上帝是世界起源的代名词，而他研究的法则也都是上帝创造出来的，因此科学研究与宗教信仰并不会有什么矛盾。

第九章
现代化意味着什么

人类追求的巨大变化
从追求意义到追求力量

古代与现代之间最绝对的差距就是，古人追求意义，而今人追求力量。

古人眼中的世界

在宗教统治着世界的时候，大多数人都认为人类生活在一出伟大的戏剧当中。神明在幕后悄悄地导演着，并告诉了演员们最终的结局。演员们的喜怒哀乐都在神明的计划之中，他们有明确的开始和明确的目标。他们知道自己是神明创造出来的，最终也将回归神明的怀抱。因此，一切的行动都有定数，也都被赋予了意义。他们已经知道了结局必定美好，那么即使面对灾祸也能保持乐观，因为他们确信一个完美的终点就在不远处等待他们。

今人眼中的世界

消解了神的存在之后，近代的思想家们尝试着去制订一种新的伟大的计划。有的人宣称宇宙被世界意志所操纵，有的人宣称人类最终必定实现大同。尽管这样的断言在一定程度上弥补了宗教缺位导致的意义丧失，但是死后世界已经彻底崩塌，拯救人类的亲切形象也成了镜花水月。人类就像乘坐在一辆没有目的地的列车上一样，迷失在未知之中。

与此同时，人类开始追求力量。科技的力量使人类逐渐得到以前的人们期待着神明能够赐予的恩惠，然而这样的力量却并不能赋予人类以意义。被迫从意义与力量当中做出选择时，人类已经选择了力量，那么，人类依然拥有意义吗？

意义与力量

　　意义与力量就像两个时代的不同主题，似乎也是不可兼得的两条歧路。古人选择了屈服，因此在服从中寻找意义；今人则学会了反抗，在反抗中孕育力量。

　　传说三千余年前，摩西曾将红海分成两半，带领犹太人穿越大海逃离埃及。这样一个传说吸引着犹太人几千年来信仰上帝，他们相信奇迹，相信上帝将指引他们走向一个美好的未来。

　　如今人类不再相信神明创造奇迹，开始尝试随心所欲地改变这个世界，就像神话当中神明对人做出的事情一样。或许有一天，就算不依靠奇迹，人也可以将大海分成两半。

古代与现代对认知的不同

从平衡到增长

尽管古代也是一个人类整体缓慢发展的时代，但是古代的人并不相信进步与发展。

平衡的古代

在古代世界，做大规模的数据统计和公共工程都十分困难，因此让人看见增长和进步是一件非常困难的事情，不可控的自然灾害等因素也会对社会状况造成极大影响。灾害过后，人们又会逐渐回到原本的生活。因为难以统计，大家看不出什么进步或者变化。一些技术上的革新之后能给人带来肉眼可见的便利时，它才会得到推广。

在古人眼里，平衡才是常态，增长或者进步是不存在的。有些人甚至认为，时代是在退步的。例如在古希腊人眼中，远古才是伟大的黄金时代，而他们生活的当下则是凄惨的黑铁时代。中国的《礼记》也提到，远古时代才是"大道"的时代。老子甚至主张放弃古代的工具，回归原始时代。

增长的现代

由于无法确信社会的进步与增长，近代的银行乃至金融体系也无从确立。近代的银行，其实就是在确信增长的基础之上，通过评估风险，将资金出借给那些有志于促进社会总体财富增加者的机构。有了更可靠的统计乃至评估体系，准确地认识到进步的趋势，人们才会觉得经济的进步理所当然。在古人眼里，自然界都是平衡的，人不会征服自然，人与自然同为一体，因此也是平衡的。所以，他们自然不会去期待增长，也就不愿意出借金钱，不愿意促进新事业的发展了。

农耕中的增长

　　以农业生产为例，古代的人不会考虑提升亩产或计划性地扩大耕地，开垦方式都比较盲目，也很少考虑空出休耕期等等。地租和税收强迫着他们只能考虑当年的收成是否足够。对于他们来说，只要养活自己就足够了。

　　古代人在播种之后会简单地打理和施肥。由于纯粹依靠人力，每个人能够耕种的面积都相对有限。收获以后即使进行统计，那也只是为了扣除地租等等。虽然留下来的一部分会用于出售和自用，但是农民不会认为田地的收成每年都会增加，或者由于人力有限，不会考虑明年开垦多大土地，后年开垦多大土地。

播种　　收获

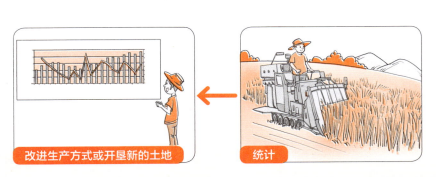

改进生产方式或开垦新的土地　　统计

　　现代的人会进行仔细的统计。他们可以分析市场的动向，计划不同农作物种植的数量，期待获得更多的收入，引进更先进的机械，提升农业生产的效率。他们可以预测收成乃至收入，可以给未来做长远的规划，并且最重要的是他们确信自己的收入会因此增加。

信用的力量

古代不是没有信用，而是不相信增长

古代人眼中的世界是平衡的，因此没有增长。要想富裕，只能掠夺。

财富是固定的

显而易见地，在没有国际法则的古代，一个国家如果进口了更多的产品，那么它必须付出更多的金钱；反之，如果出口了更多的产品，那么它则可以获得更多的财富。明白了这个道理，那么大家都会倾向于在国内制造大部分需要的商品，并提升关税，打击走私，减少金钱外流。

没有共同繁荣，只有一家独大

在古人看来，社会的财富就像是固定的一样，一个国家财富的增多，必然带来另一个国家财富的减少。因此，不存在自由贸易、共同富裕一说，强大的往往只有一方。各国国势此消彼长，而这种增长则建立在奴役与掠夺之上。奴役者也知道这并不是增长，因此为了保持当下的水平，只能选择继续奴役。两千多年前的波斯人是这样的，九百年前的基督教徒也是这样的。这种一家独大体现在历史进程当中，就是称霸。

古代的政治家们从来不追求增长。所谓国泰民安，指的是维持一个稳定的状态，而不是不断追求增长。但是放在一个国家之内，没有增长同样是糟糕的。没有增长，那么穷困者条件的改善就会代表着富裕者财富的减少。富裕者追求更多的财富，就会导致穷困者境遇的恶化。尽管现实情况并不是没有增长，但放在具体的历史时期当中，古代的财富总是像这样流转在两者之间的。

不变的财富

在古代人看来，历史是循环的，人类的发展整体是趋稳的，因此也就不存在增长一说。要想占有更多的财富，只能强夺他人的财富。上至国家下至个人都将强夺视为理所当然，强国对弱国、地主对农民、父亲对孩子都遵从同样的原则。

以分饼为例，假设社会的财富是一张巨大的饼，那么在古人眼中，饼的大小是固定的。自己分到更大的饼，就代表其他的人会分到更小的饼。假如别人不愿意让自己分到更大的饼，那么就只能巧取豪夺了。

信贷经济在现代社会的发展

现代人眼中的世界是发展的，要想富裕，可以合作。

自由引发的变革

固定的财富引起分配方面的问题，带来争执与矛盾。但是只要明白了增长的趋势，理解自由贸易带来的好处，就能走向共赢。有了增长，人们手中的财富不会以肉眼可见的速度缩水，反而会逐渐地增加。那么，大家需要考虑的就不再是怎样从他人手里夺走更多的财富，而是考虑怎样使自己的财富增加，怎样让他人自愿把钱交到自己手上——这也就是所谓的商业与消费。

自由带来的伦理问题

但是这样一来又有可能发生一些伦理上的问题。假设子女工作时在单位时间内可以创造的社会价值是 100 元，如果是同样的时间，可以用 50 元换取专业的医疗护理或者将父母送去专业的敬老院，应该怎样选择呢？

从传统观念上来说，照顾父母是子女的责任。但是，既可以让父母得到更专业的看护，又可以让自己创造更多的社会价值，这种不符合传统伦理的做法实际上非常符合市场经济的规律。那么，更重要的到底是经济增长，还是维系家庭纽带呢？让人开始有这样的烦恼，这就代表着自由的市场经济已经开始对伦理产生影响了。但是姑且不论这一方面，自由经济确实已经让人类尝到了合作的甜头，让世界获得了和平。上千年来宗教对和平的呼吁，终于在新的宗教手中得到了完善。

增长的财富

　　既然世界是变动的，财富是增长的，那么我们就没有必要去夺取别人的财富了。不如说，如果能和他人通力合作，还能达到"一加一大于二"的效果，赢得更大的回报。因此，市场趋于自由，不同的国家、组织乃至个人看重合作。

　　以挑水为例，假设社会的财富是源源不断的河水，大家要做的事情就是取水回去。既然泉水本身不会枯竭，那么也就没有争抢的必要了。为了更高效地取水回家，最好的方法显然不是亲自提着桶子来回跑，有车的出车，有桶的出桶，有马的出马，大家通力合作，商量分配，合作愉快还能继续合作。

自由资本主义如何取信

人人都相信的"追求增长"

资本主义的本质在于追求更多的利润，乃至更高的增长率。

追求增长乃是资本主义的本质

世界进入资本主义的时代之后，追求增长逐渐成为趋势。只要有资本的投入，就能期待获得更大的回报。开采出来的矿产、制造出来的商品、提供的服务，一个又一个，一层又一层，财富增长着。资本主义就像一个数字游戏，不断实现自身的增长。

与此同时，资本又会流到增长更多的地方。更快的增长意味着赚取金钱的速度也会加快，因此资本也会趋向于那样的地方。但是如果投资过于饱和，赚取金钱的速度也会随之下降。尽管增长是必然的结果，但增长速度与数量、其中风险的大小也会有一定区别。但真正重要的是，追求增长才是资本主义的本质。

追求增长的观念深入人心

现代人即使在游戏当中也会追求增长。尽管竞争依然是游戏的主题，但是增长和发展却理所当然地存在于大多数战略类游戏当中。除了资源、资金以外，甚至连知识、国家凝聚力等都变成了可视化的数字。玩家的目标就是使这些数字得到更快的增长，以期在最后压垮对手们。显然，如果放在实际的历史阶段当中，没有人会考虑是否应当存下足够的资源让自己的国家从中世纪过渡到文艺复兴时代。这种增长的概念实际上就是将近代的资本主义理念套用在历史当中。而经营类游戏则更是刺激人们期待增长的欲望，尽管增加的只是一堆没有实际意义的二进制数据，但人们依然乐此不疲。

刺激与增长

增长意味着手中财富的增加，意味着生活质量的改善。因此现代人总会去寻求增长，希望自己能够在单位时间内赚取更多的金钱，并让手中的金钱变成更多的金钱。

疯狂的增长

疯狂的增长将会刺激人们的投入，同时大多数人也会将增长视为理所当然。尽管偶尔会有经济危机的发生，但那只不过是增长过程中的一个小插曲罢了。

中国象棋

现代的游戏当中除了竞争以外，还有一个很重要的因素，就是增长。但是古代的游戏中却并没有增长的概念，只有单纯的竞争性。例如，中国的象棋就没有增长的概念。以经营为理念的游戏在古代更是完全不存在。

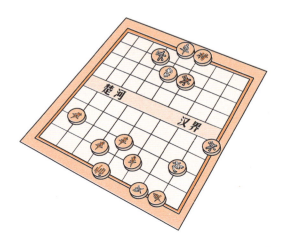

发展有瓶颈吗

日新月异的发展

尽管发展看上去似乎是无限的，但我们真的能无限发展吗？

🌀 有限的资源

从客观上来看，资源是有限的。财富和产品不会凭空产生，如果想保证源源不断的财富，首先我们必须确保源源不断的原材料和能源。否则，财富不可能凭空出现。但矛盾的是，原材料与能源似乎是有限的。开采原材料的成本越来越高，生产能源的成本也越来越高，例如燃煤和石油，总有一天它们会枯竭。也就是说，等到枯竭的那一天，我们将放弃增长，回到不能共荣、不能共赢的时代吗？

🌀 无限的知识

答案当然是否定的。尽管资源有限，但知识的挖掘是没有上限的，并且知识被开发的速度也越来越快。即使一种能源被开发完毕，很快新的技术又会带来新的能源，新的材料也会替代旧的材料。知识越来越与生产力挂钩。

在古代，知识的学习大多数集中于宗教。由于自然科学不够发达，知识的学习以文学艺术乃至宗教道德等为中心，学习这些知识不足以带来生产方面的变革。知识的学习更大程度上与地位挂钩，而不是金钱。文艺复兴时期，近代的大学诞生，以研究为职业的人也出现了。有了一个研究与讨论的空间之后，知识的发展速度越来越快，今天的我们已经可以通过网络更高效地学习和交流知识了。

知识与发展

　　知识的发展意味着社会的发展。只要科学技术足够发达，人类总能为发展速度越来越慢的产业找到替代性方案。如果地球的资源不能满足人类，人类甚至可以放眼整个宇宙。尽管宇宙的大小也是有限的，但在如此巨大的空间之内创造一种发展的向上的文明，显然比在地球之上更加简单。

　　知识不革新的时代，人们只能利用现有的资源，采取既有的生产方式活动。因此，资源受限，生产效率也很难得到提升。尽管有时会有一定程度上的发明创造，但它们不能明显地投入普遍使用，技术传播的效率很低，也没有专门研究技术的机构与人员。发明创造大多来自生产者的自觉创新。

　　如今，人们可以发现更多的资源，甚至可以设想出未来可能使用的会是什么资源。生产的效率逐渐由于自动化程度的提升而不断提高，专门的机构不断研究和开发新的资源、新的材料乃至新的工具。技术通过网络快速传播到全世界，产品也能在制造出来以后迅速销往万里开外的市场。

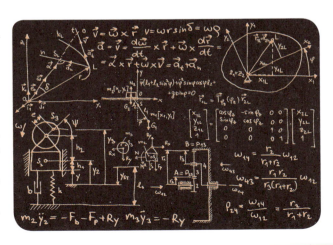

现代经济真正的敌人

生态危机可能带来的后果

尽管知识可能给人类带来一个前景乐观的未来，但现在，生态环境已经成了一个严肃的问题。

生态环境面临的威胁

人类追求经济增长势必加大开发自然的力度。无论是生存范围的扩大还是自然资源的开采，都会多多少少地对自然环境产生一定程度的影响。如前所述，只有开发出更多的资源和材料，才有可能实现更大的发展。

未来的人类完全有可能实现科幻片当中的事情，例如将整个城市安放在巨大的防护罩当中，完全不顾外面的生态环境。这样的话，维护城市也会成为一个巨大的产业，带来很大的增长动力——尽管这种状况看上去并不是那么可喜。即使我们可以预期未来的科技可以改善人类生活的环境，但只要人类继续在这颗星球上生活一天，我们就必须意识到星球的衰老乃至死亡早晚也会带来人类自身的毁灭。

毫无作为的人类

面对日益受到的生态环境的威胁，许多机构与组织发出了警告，这也引发了部分国家的危机感。但是，实际采取有力措施的国家少之又少。20世纪90年代时，面对全球变暖的威胁，各国签订了《京都议定书》，决定控制温室气体的排放，然而作为温室气体的最大排放国美国却拒绝签订这样一个协议，理由是控制排放会拖累经济发展。美国尚且不愿意，其他国家就更不愿意牺牲国利换取生态平衡了。毕竟，就算生态环境逐渐遭受破坏，世界也不会明天就毁灭。

生态环境的未来

环境，是制约人类发展的最大要素。人类的发展必须基于环境的开发。一点一滴的开发带来一点一滴的破坏，积少成多之后，人类或许会迎来一个黑暗的明天。乐观地想，或许再过几十年，科学技术就能解决生态问题了。但是，没有人能做出这样的保证。

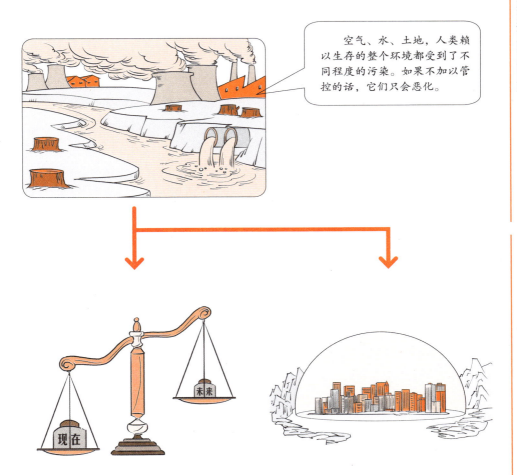

空气、水、土地，人类赖以生存的整个环境都受到了不同程度的污染。如果不加以管控的话，它们只会恶化。

控制人类对环境的破坏，保持生态平衡，听上去似乎非常容易做到，但是实际上这样的事情必定会带来经济发展速度的放缓。增长速度放缓是大多数人不愿意看见的。更多的人宁可为了眼前的经济增长牺牲子孙后代的利益。

科技的发展或许可以保证人类在一个环境更加恶劣的星球上生存，拿现在打比方的话，就好像沙漠中的城市迪拜或者拉斯维加斯。巨额的维护成本使得原本不适合人类居住的地方住了数百万人口。或许以后的人类将不得不在这样的环境当中建造城市。

无意义的竞争

是什么带来了新的秩序

毫无意义的竞争破坏了环境，但竞争中确实存在一定秩序，这种秩序来自什么？

竞争与增长

尽管增长是普遍趋势，但是为了更好地满足自身，竞争变得非常之有必要。在竞争中获得优势，就意味着自己能够获得更快的增长。而在竞争中处于劣势，则意味着自己的财富与他人的财富之间的差距将会越拉越大。那么，人们为了获得更多的财富，当然都会选择竞争。

科技发展带来的新商品、新内容又会带来一轮又一轮的火爆商机。它们在刺激增长的同时，又刺激着人们的欲望。为了获得更多的新商品，人们只能选择增加自己的收入。竞争与增长形成了一个互相刺激的循环。

是什么替代了宗教

那么，既然现代世界充满了竞争与增长，竞争与增长就是资本主义的最高体现吗？当然不是。如果一味追求竞争与增长，社会必定陷入混乱，环境的破坏也会比今日更加严重。但是这样的事情却并没有发生，为什么？

如前所述，在换取改造世界的力量时，人类已经放弃了意义，那么，资本主义的世界没有意义吗？换言之，正如宗教之于古代一样，在资本主义的世界里，替代了宗教带来意义的又是什么？是市场本身吗？资本主义为何能形成新的秩序？

答案非常简单，那就是近代以来的人文主义。这种新的宗教取代了旧宗教，缔造了新世界的新秩序。

现代秩序从何而来

有序的竞争能带来有限的利益，大家不会不惜一切代价。但是由于无序的竞争可以更快地带来更大的利益，如果没有什么约束，人更倾向于无序的竞争。那么究竟是什么使得人们愿意拥抱秩序，而非拥抱混乱？

如果以下棋为例的话，要想在竞争中取得胜利，除了展现自己的下棋能力，假如没有秩序，甚至可以直接站起来痛扁对方，强迫对方承认失败，从而获得胜利。但是在现代，限制人们一定要遵守的规则究竟是什么？

现代秩序来自人文主义。人文主义，即以人为价值判断的中心。这种观念起源于古希腊，消亡于中世纪，又在文艺复兴时期重现光芒，逐渐成为近代价值观的思想内核，最终成为一种新的宗教，成为一种获得普遍承认的价值观念，并统治了整个世界。

图为《蒙娜丽莎的微笑》，是达·芬奇笔下的人物。这种美也是人文主义的体现之一。

第十章
人文主义带来的变革

人向"神"的迈步
人文主义重新赋予人以意义

人文主义重新赋予了人以意义，还将主体性作为礼物送给了人。获得主体性的人从此成为人类生活的中心。

从愚昧到拥有智慧

在一些宗教的观点中，人是生而愚昧的。基督教甚至认为，人类伴有与生俱来的罪恶，也就是原罪。人既愚昧又有罪恶，那么理所当然地，人需要神的指导。神作为至高无上的存在，将会规定人的行为，规划人的未来。神不会犯错，通晓一切，甚至已经为人设计好未来。那么，人需要做的也只是遵循神的旨意，甚至不需要思考些什么别的。

不过，如果人的存在也有其自我价值呢？中世纪末期，欧洲人重新发现了基督教诞生之前的欧洲世界。在那个多神教世界里，神如同人一样，有七情六欲，有喜怒哀乐。那个世界的人创造出的文艺与哲学似乎无不在歌颂人的自由。这些曾经毁灭了文化的蛮族后裔似乎明白了什么。此后，人的智慧慢慢受到肯定，人的价值也逐渐得到承认。

人的意义替代宗教的意义

如前所述，为了获取力量，人已经放弃了宗教的意义。但是，意义的可能性并不止一种。人文主义的教诲就是，人应当亲自创造意义，人才是意义的来源。人不是一个伟大计划中的齿轮。即使人是齿轮，他也能选择自己想转的轮轴，按照自己喜欢的节奏转动。人的自由取代了宇宙的计划，而人的意义也替代了宗教的意义。这种新的意义与科学技术一道让人类迎来了近代的黎明。

宗教意义与人文意义的区别

　　尽管面对问题时，将宗教当作绝对价值的古人与将自己作为评判标准的今人有本质上的区别，但是面对相同问题时，有时他们的处理方式依然比较相似。毕竟，归根结底宗教的标准其实也是人创造的。

以前

现在

遇上困难或麻烦时

　　古代的信仰者在遇上困难时会认为这是神的安排。那么，他可以选择相信神的安排，并继续挑战，或者相信神的安排，放弃挣扎。

　　现在的人在遇上困难时会主动分析客观状况。在经过分析之后，他可以选择相信自己，并继续挑战，或者干脆放弃目标。

以前

现在

面对伦理问题时

　　古代的信仰者在遇上伦理问题时更不愿意暴露这种问题，他们要么悄悄地处理掉这样的问题，要么悔过自新不再犯错。因为不论任何问题，至高的判断者都是神。

　　现在的人遇上伦理问题时，最根本的判断标准还是法律。只凭借道德无法约束大多数人，因此只能用人们共同意志的结晶来互相约束。

感觉远比立场重要
以个人感觉为标准所带来的问题

尽管人文主义赋予了人以新的意义，但是以个人的视角审视价值，最终得出的结论无疑是碎片化的。

划一的标准，各不相同的结论

人文主义给出的最绝对的标准，就是人的观念。人要在自己的行为当中发现自己的价值，并依据这种价值为自己赋予意义。那么，从宏观上来说，这种标准是明确而划一的。不过，举个简单的例子，就拿吃早餐为例。人们可以选择吃，也可以选择不吃。如果吃的话，可以吃包子，也可以吃三明治，更可以吃饭团。判断的标准就是当事人的意志，而不是因为一些别的因素。但是，虽然这个标准很明确，但是得出来的最终结论却完全不同。面对私人事务的时候，这样的判断看上去确实非常合理。但是，这是否代表着人的价值无法展开内涵更广泛的判断？

标准确实存在

事实证明，人文主义的延展性比人们想象中的好。正如"人"这个字眼本来就是抽象概念一样，"意义"和"标准"同样是抽象的概念。概念可以抽象，那么涉及具体问题的时候也可以集合原本抽象的观念，以达到获得公认的效果。例如，尽管人们可以自由选择是否抽烟，但是人们并不能自由选择抽烟的场所，也不能自由选择是否滥用精神药品。在集约个人意志的基础上，社会的或成文或不成文的规定得以制定。

一碗米饭看人文

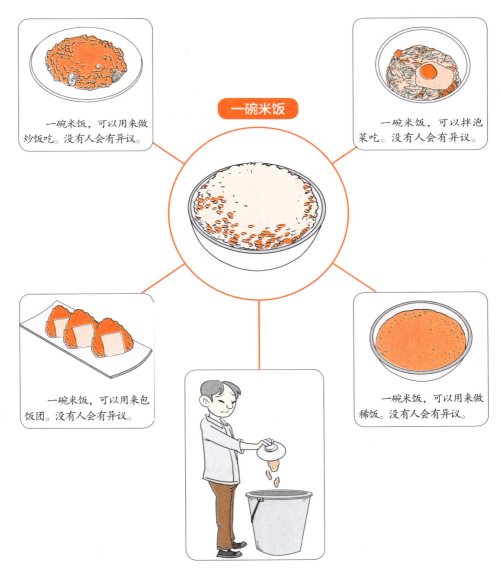

对待同一事物的不同态度，可以看出尽管人文主义带来了碎片化的标准，但是它依然可以维持统一的秩序。在文化的碎片化和整体化的过程中寻求一个可以得到广泛接受的交叉点，这是现代生活不变的主题。

一碗米饭，可以用来做炒饭吃。没有人会有异议。

一碗米饭，可以拌泡菜吃。没有人会有异议。

一碗米饭

一碗米饭，可以用来包饭团。没有人会有异议。

一碗米饭，可以用来做稀饭。没有人会有异议。

不过，一碗米饭如果被直接倒掉，那么大多数人恐怕都会有意见。尽管这样的选择也是自由的，但是由于粮食有限，这样做在新的价值体系当中也不符合道德要求。

人文主义影响下的政治
民主选举取代神的旨意

民主制度本身的一个大前提就是，人民的决定会是正确的。这样一种观点本身就是人文主义的产物。

〰 人文与民主

如今我们生活在一个民主的世界。所谓民主，就是进行集体决策的时候遵从民意。不论是选举政党还是选举政客，选票往往是最重要的。选票则代表着一个又一个公民自由意志选择的结果。被选择成为制定国家方针政策的人，他也不能做出违背民意的事情，那样舆论也会将他赶下台。如前所述，政治实际上就是个人选择的集合，包括更早之前讨论过的环境问题。有的国家之所以不愿意治理环境问题，很大程度上也是由于公众更看重经济发展，对一部分人而言环境只是一个需要权衡和斟酌的问题。

〰 宗教政治与人文政治

以人文意义为目标的政治与以宗教意义为目标的政治是完全不同的。例如，15 世纪时的教宗亚历山大六世承认了自己有情人有孩子，这显然不符合宗教规定，但是信徒们并不能聚在一起开会投票罢免他，也不会天天聚集在梵蒂冈高声抗议要求教宗下台。因为决定这个的是上帝而不是信徒。但是在今天，假如一个民主国家的总统做出了不合法的事情，等待着他的必定是弹劾和银铛入狱。

如果在一个非民主国家，组织暴力活动其实就很容易让人接受了。例如在中国古代，起义者只需要给对方冠上天数已尽的名头，并认定自己才是天命所归，这样就能使武装夺权的行为合乎伦理观念。

人文主义的政治与宗教

人文主义主导的政治与宗教活动与更早以前相比有很大的区别。政治上，人的视角取代了宗教的视角，即使宗教不同，只要同样是人，大家就能讨论出一些共同遵守的原则。宗教上，自由的选择也成了重要的前提，强迫信教或放弃信仰不再是一种普遍的做法。

人文主义下的政治过程

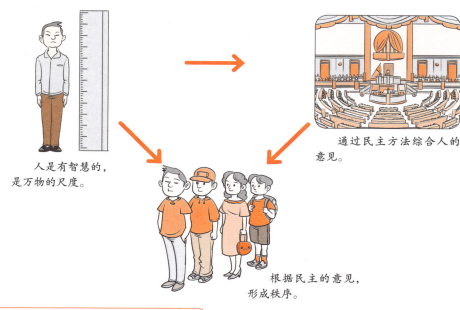

人是有智慧的，是万物的尺度。

通过民主方法综合人的意见。

根据民主的意见，形成秩序。

古今宗教、信仰观点的比较

异教徒是不可接受的异类。必须强迫他们改变信仰，否则他们不会受到平等对待。《左传》说的"非我族类，其心必异"其实也是一个道理。

信仰是一种自由。所谓自由，就是个人可以选择信仰宗教，也可以选择不信仰宗教。选择不同的宗教也是一种自由。没必要为此产生歧视。

艺术开始摆脱神和宗教的枷锁

"感觉对了，就做吧"

过去，艺术服从于神明。如今，艺术服务于人类。

🎵 殊途

在古代，宗教艺术是艺术的主要形式。由于相信宗教的力量，人们甚至认为，艺术的灵感也是神明的恩赐。因此，远古甚至中古的一些艺术家无法在历史上留下自己的名字，因为艺术是属于神的。

在文字艺术方面，古埃及最正规的象形文字被称为圣书体，较通用的象形文字被称为僧侣体，最后从中发展出了日常生活中使用的世俗体。可以说，古埃及的文字就是为宗教而生的。

从建筑艺术上来说，希腊罗马留下了许多神殿，而中世纪典型的哥特式建筑风格同样也是一种主要用于教堂的建筑风格。包括中国、日本在内的东亚国家，古代保存下来的许多建筑都是用于进行宗教活动的。至于绘画与雕塑，与宗教题材有关的更是占了绝大多数。

🎵 重铸

在今天，艺术早已不再依托于宗教。文艺复兴时期，绘画等艺术已经表现出了世俗化的倾向。这主要表现在绘画的手法和题材上。艺术家们开始在艺术当中发掘人体乃至人的美，而不是使用艺术去表现宗教主题。今天，一件艺术品之所以是艺术品，并不是因为它表现了什么崇高的、超越人的主题，而是因为它表现的就是基于人的、可以得到人的认可的内容。只要有人认为那是艺术品，那么它就是艺术品。神不再是艺术的起源和判断艺术的标准，新的标准属于人。艺术也走向了商业化，得到越多人承认的艺术品越是珍贵，因此也会更加昂贵。

宗教艺术与人文艺术

宗教艺术主要表现的是神明的伟大与教义的精妙，并不会体现人的价值。而人文艺术则一改宗教艺术的核心，将人与人的生活、人的思想等当成了创作的内容，让人的感受成为评判艺术水平的最高标准。

古代的建筑艺术许多以宗教为主题。例如，现存最古老的木质结构建筑群，法隆寺西院伽蓝，就是典型的宗教建筑。

如今的建筑艺术早已不再局限于宗教，例如工业革命的代表建筑，巴黎埃菲尔铁塔就是这样的。为了表现工业革命的成就和蒸蒸日上的国力，法国修建了这座划时代的钢铁建筑。

古代的绘画艺术很多也表现了宗教的主题。例如鼎鼎大名的莫高石窟，里面华美的壁画表现的都是佛教主题。

现在的绘画艺术专注于思索人的问题和发掘人的感情。蒙克的《呐喊》就是这样一幅画，它表现了现代人的焦虑与痛苦。

被彻底改变的教育制度
从绝对服从到自我思考

人作为一种社会的生物，会通过教育的方式传承思想与认识。随着新价值观的崛起，新的教育方法也逐渐取代旧的教育方法。

宗教教育服从

宗教注重维护固定的社会秩序，因此会教育人们如何服从，甚至连教育的场所都会与宗教机构有密切联系。例如在古代欧洲，教会就是传统的教育机构，人们可以在那里学会读书和写字。中世纪晚期出现大学的时候，学校中的教师与研究人员当中也有许多人是神父。甚至到了今天，神学依然是西方大学中的一门重要学科。

中国的历史也告诉我们宗教教育人怎样服从。儒教最重要的思想就是"三纲五常"。"三纲"就是"君为臣纲""父为子纲""夫为妻纲"，"五常"就是"仁""义""礼""智""信"。简单来说，一定要服从秩序，否则就不符合伦理，应当受到批判。

人文教育思索

人文教育则与宗教教育完全不同。现代的教育制度起源于启蒙时代。随着活字印刷术的进一步普及，以及出版业乃至新闻业的繁荣，社会对识字的需求越来越高。工业革命之后，为了获得更多高素质的劳动者，国家实施起了义务教育。这时的教育依然是培养所谓国民情感、所谓民主制度的工具。不过由于政治逐渐变得开放，教育也逐渐变得开放。既然没必要继续教育孩子们如何服从，那么不如教会孩子们如何思考，让他们自由地去寻找属于自己的结论。

中国教育与人文主义

中国教育的演变也是一种从宗教教育转化为人文教育的过程。儒教教育人们服从秩序，现代的教育也在教人如何思考。

儒教中的"三纲"

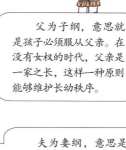

君为臣纲，意思就是做臣下的必须服从君主。这是维护政治秩序的一大原则。

父为子纲，意思就是孩子必须服从父亲。在没有女权的时代，父亲是一家之长，这样一种原则能够维护长幼秩序。

夫为妻纲，意思是妻子必须服从丈夫。这一点同样体现了古代男女的不平等，并肯定男性在家庭中的主导地位。

现代教育的主要学科

理科教育人如何理解物质世界，引导人学会缜密地思维和在符合事实的情况下做出判断。

文科教育人如何理解精神世界，让人从不同的角度审视相同的问题，得出不同的结论，进而培养个性。

古往今来获得知识途径的变化
宗教逻辑、科学逻辑与人文逻辑

古代，人类通过宗教逻辑获取宗教知识。科学革命时期，人类通过科学逻辑获取科学知识。如今，人类通过人文逻辑获取人文知识。

宗教逻辑

在宗教的知识体系当中，最基础的、最不可动摇的就是经典。经典，在一些宗教当中是神明的言行录，在一些宗教当中则是伟大先知的教诲。一切新知识都不能与这些经典产生抵触。那么，产生新知识的方法，就是重新阐释经典的意义。随着时间的流逝，语言得到发展，也产生了解释经典时多种多样的可能性。从经典出发，表达自己的观点，使整体认识获得缓慢进步，就是这样一个过程。

科学逻辑

科学知识则必须保证它自身的可靠性。因此，一切科学都必须从实验与实证出发，通过缜密的计算和滴水不漏的逻辑，得出无懈可击的结论。尽管这种方法看上去非常完美，但有一个最重要的问题，就是它不能处理意义乃至伦理道德方面的问题。因此，科学的逻辑可以与宗教逻辑乃至人文逻辑和谐并存，但永远不能取代它们。

人文逻辑

人文知识则注重体验与态度。所谓体验，指的就是实际经验甚至是幻想中的经验。而态度，则是面对这些体验的时候产生的情绪与思考。在这样的过程中，发展出各不相同的认识，得出各不相同的结论，这就是人文知识。作为一种不需要绝对前提的知识，人文知识充满了无限可能，也使社会逐渐形成了自由又稳定的新秩序。

三种不同知识的来源

宗教知识、科学知识与人文知识相互独立，它们也是组成人类总体知识的三大部分。

经典　　　　　+　　　　　宗教逻辑　　　　　=　　　　　宗教知识

宗教知识，就是从固定的经典著作出发，为经典写注脚得出来的知识。汉代以后，中国历代学者都会不断地去重新解释经典，希望从中发掘出"真正的含义"。

实验与实证　　　　+　　　　科学逻辑　　　　=　　　　科学知识

科学知识，就是以实践为基础，没有物质现象或客观计算结果不下结论的知识。自科学革命以来，科学家们都依照这样的原则推动着技术的进步。

体验　　　　　+　　　　　人文逻辑　　　　　=　　　　　人文知识

获得人文知识，需要感受不同的体验，并在这样的过程当中找到自己的本心。在与人交流的过程当中，理解善恶的标准，并与他人达成共识，这种个人认识与集体共识就是人文知识。

科学与人文主义的联合

构建现代社会真实状态的根本

有人认为现代社会就是机器，有人认为现代社会就是混乱，这两种观点需要调节。

两种错误认识

关于现代社会，有两种常见的误解。

一种观点认为，现代社会毫无任何感情。在冷冰冰的机械当中，人的活动越来越无力。英雄豪杰已经与时代无缘，各路小人物你方唱罢我登场。枯燥的理论操纵了世界，甚至连人性也是可以被计算的。社会就像一座工厂，一个个的人都是流水线上可以被任何人替代的零件。

另一种观点则认为，现代社会物欲横流。面对各种各样的诱惑，人逐渐丧失了自我，不知何谓道德，何谓伦理。

当然，这两种观点都是不准确的。前一种观点只看见了科学带来的影响，而后一种观点也忽略了人文主义带来的新秩序。

现代社会的本貌

现代社会的真实状态是科学与人文主义的联合。这种联合不单单是指科学提供技术发展的动力，人文主义形成新的共同秩序。正如前文已经提到的，这两种秩序在现代已经相互影响、密不可分了。发达的科技为人提供的安稳的环境，让人有足够的条件去体验各种各样的事情。但科技的发展有时也会冲击一些或新或旧的既有秩序。两者就像这样相互往来，相互融合，共同形成了现代社会。社会之所以没有了公认的英雄豪杰，也是因为评判标准变得丰富多样，大家更多地关注人的历程，从中思索，而不是关注人的行为是否符合传统，从而坚定信仰。

宗教故事与人文故事

现代人与古代人在认识上的区别，可以从故事和传说中得到很好的证明。古代传说当中，主角总是一些出身原本就高贵的人，为了某种崇高的目的，打败代表邪恶的一方，表现出英雄的伟大。但是现代的故事则更爱表现小人物在日常生活中的感悟，展示他们成长的历程。

亚瑟王传说

爱丽丝的故事

以亚瑟王的传说为例，亚瑟王原本就是王子出身。

她无意中进入了一个神奇的仙境，体验了千奇百怪的事情。

他拔出了"石中剑"，据说拔出这柄剑的人能成为王。

以《爱丽丝梦游仙境》为例，主角爱丽丝只是个普通女孩。

在勇敢地打倒了一个个敌人以后，亚瑟果然成了王。

经历这些事情，她获得了学习与成长，最终发现这只是一场梦。

人文主义视角下对战争的反思

看待战争的视角在变

在古代的文艺作品当中，面对战争的总是一些伟大的人物。而现在，谈到战争，文艺作品关注的都是普通人的生活。

古代人眼中的战争

信史记载的第一场战役——米吉多之战的场景，被记录在了埃及卡纳克神殿的壁画上。画面当中，高大而威武的图特摩斯三世正在消灭敌人。希腊历史中的战争也一样。例如《希波战争史》中记载的温泉关之战，表现了斯巴达王的英勇献身，却从没写过三百位勇士当中其他一些人的事迹。

首先，在大多数情况下，文艺工作者为了获得经济收入，必须创造出迎合统治者的作品。不存在人文的市场，也就不存在人文的艺术。这也使得古代的艺术在描绘战争时更注重指挥决策者，轻视参与战争的个体。

现代人眼中的战争

不过到了现在，战争叙事的中心变成了个体。艺术家们倾向于从个体的感受当中挖掘出战争的整体样貌，还原战争对人的摧残，而不是树立某个伟大的形象。

例如，名画《格尔尼卡》表现了残酷的战争当中，平民面对无差别轰炸时的情景，而不会画出西班牙总统手执武器，指挥消灭敌人的模样。在画作中表现出加害与受害，其触动人心的效果远远强过一个光环或者一个高大的身姿。在文学与电影当中，更是经常用小人物的生活作为主线，去体现一个宏大的时代背景。个人体验取代了主观的正邪，成为艺术表现的中心。

两种视角下的战争

　　观察战争主要有两种视角。古代文学艺术大多从大视角观察战争。它们要么采取统治者的视角，要么采取上帝的视角，否定了参与战争的个人的感受。当代的文艺作品则更多地从小视角审视战争，因此题材与内容也丰富多样，从更多方面展现了不一样的体验。

大视角下的战争

　　图为卡纳克神殿米吉多之战的壁画。法老的形象巨大，而敌人的形象却矮小而单调。神明的化身制裁了愚蠢的敌人，那么士兵有什么感受当然不重要了。

　　图为温泉关战役。斯巴达王列奥尼达俨然是战役的主角，与他一起悲壮牺牲的三百位勇士和上万波斯士兵的名字与体验并不重要。

小视角下的战争

　　《格尔尼卡》是著名抽象派画家毕加索的名画。这幅画表现了 1937 年西班牙内战期间德国空军轰炸格尔尼卡城的场景。

　　《西线无战事》是一本有名的反战小说，展示了一个新兵在一战西线战场上痛苦挣扎的模样，在全世界造成了很大影响。

人文主义的传播与变异

人文主义的三大分类

人文主义是一个方向较明确的新观点，但它依然可以细分为三种方向不同的类别。它们分别是自由人文主义、社会人文主义和进化人文主义。

自由人文主义

自由人文主义认为，所有人都是独特的，他们应当拥有不同的体验，并自由地发表不同的意见。不管在任何领域，个人的自由意志都是最高的价值标准，包括国家意志乃至宗教条例都应该尊重个人自由。一切都应该是自由的，而我们努力的目标就是不断消除限制自由的枷锁。由于更加注重内在的感受，自由人文主义催生了以民族国家为主体的民族主义。那么，组织国家的问题点就在于哪些人有资格表达意见了。毕竟决定一个集体的事务，让与集体无关的人参加，是不合理的。

社会人文主义

社会人文主义比自由人文主义略显保守。人有着各不相同的体验，但人又必须共同生活在社会当中，因此社会人文主义主张在一定程度上统合各人意志，也就是限制一部分人的自由。不过社会人文主义的重点并不在于限制自由，而是尊重和理解总体的体验。

进化人文主义

进化人文主义则显得非常激进。这种思想主张以更多的冲突带来更强的竞争，以让优秀的人获得进化，并消灭落后的人。其中一个极端的代表就是二战中的极端种族主义和种族大屠杀。当然，进化的思想本身并没有问题，出问题的仅仅是竞争的手段。至少放在当下，人类的通力合作能更好地刺激人类整体的进步。

人文主义的三大分类

　　人文主义思想可以细分成三个种类。其中自由人文主义是最基本的人文主义，在此之上又演化出社会人文主义。社会人文主义继续演化，又诞生了进化人文主义。三者各成体系，组成了现代世界。

　　自由人文主义，可以简称自由主义，主张绝对的自由，无论如何都必须尊重个人的体验。体现在具体政治形式上时，就是西方的代议制民主。这种主张是一种较为纯粹的人文主义思想，但是在实践上也需要面临更多的困难。

　　社会人文主义是从自由人文主义当中产生的一种思想。社会人文主义更注重解决社会问题和调和社会关系，因此在某种程度上否定了人的体验。它尊重的是社会的共同体验，想解决的是社会的共同问题，体现在具体政治制度上时就是社会主义。

　　进化人文主义是从社会人文主义当中产生的一种思想。为了解决社会的问题，个人的感觉可以被忽略，只要社会的问题得到了解决，个人的需求也可以得到满足。体验也同样是不平等的，存在有价值的体验与无价值的体验。

三种人文主义面对不同体验时的态度

《蒙娜丽莎的微笑》

自由人文主义会认为，名画肯定了人性美，是自由带来的伟大成果。但最重要的是名画也是文化的产物，不应当因为名画的存在就去歧视拙劣的绘画。

社会人文主义会认为，名画在绘画史上产生了广泛的社会影响，这才是名画之为名画的原因所在。

进化人文主义会认为，人类需要鼓励创作更多这样的伟大作品。

流行文化中的漫画

自由人文主义会认为，流行文化中特定的绘画受到欢迎，说明这种绘画得到了认可，因此必须承认这种绘画与名画有同样的地位。

社会人文主义会认为，流行文化中的绘画是商业资本运作的结果，有时可能会有一些低级趣味，因此会认为这种绘画的人文价值比名画更低。

进化人文主义会谨慎地判断这种变化是否符合进步的方向，是否能给人类带来进步。如果不能，那么这种绘画也将被否定。

远古壁画

　　自由人文主义会认为，远古壁画同样是创造力的结晶，需要得到尊重，但是因为自由的程度不够高，所以艺术表现力上有所欠缺。

　　社会人文主义会认为，远古壁画反映了古代的社会生活和生产力水平，也是现代绘画的始祖，应该理解远古壁画。

　　进化人文主义会认为，远古壁画与当今绘画相比，表现出了绘画艺术的进步，是绘画进化的表现，也是一种已经被淘汰的落后的绘画方式。

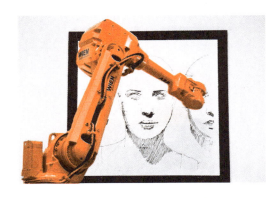

机器人绘画

　　对于非人类的产物，三种人文主义都一致公认它们没有任何意义。毕竟人文主义，归根结底是以"人"为本的。

　　不过即将面临的问题就是，假如机器主动创作的绘画优秀到人类无法分辨其与人类创作的绘画之间有什么区别的时候，我们是否能承认绘画的艺术价值？进而言之，能否承认它的人文价值？

自由人文主义

自由人文主义的历史最为悠久，活力也最为旺盛，同时也最尊重人文主义的自由传统。

自由人文主义的历史

"人文主义"一词早在希腊罗马的时代就诞生了。不过这个概念真正得到重视则是在文艺复兴的概念被提出来之后。19世纪中期，"文艺复兴"一词出现，人文主义的概念也得到了重视。欧洲的人们看着自己征服世界的伟大成就，开始从过去的几百年中去寻找历史原因。最终他们得出结论说，因为肯定了人的价值，他们才能获得如此伟大的进步。

因此，传统的人文主义会选择遵守15世纪以来的人文传统，尽可能在更大的程度上满足人的体验。艺术需要自由，市场需要自由，言论需要自由，教育需要自由，宗教甚至政治更需要自由。自由人文主义相信，只要保证自由，问题都可以逐渐被解决。自由才是衡量一切的尺度。

自由人文主义的问题所在

自由人文主义的目标非常理想，但正因为如此也会暴露出更多的问题。首当其冲的就是，假如人与人的意见发生了冲突，应当怎样解决？既然大家都是自由的，那么能容忍否定自由的人存在吗？从大原则出发的话，自由的人或许将不得不容忍不承认人文主义的人与他们共存，并且还需要尊重他们的选择。但是如果否定者得寸进尺要求更多呢？再或者，否定者的数量越来越多了呢？这样或那样的原因早晚会让自由人文主义崩溃，它必须寻找新的出路。

自由人文主义的问题点

　　自由人文主义给了我们一个很美好的幻想，但是绝对的自由是不存在的。在一个自由的社会当中，更容易产生许许多多的问题。尊重每个人的自由，需要更多的社会资源。如今的人类并不能达到这样的高度。

　　举这样一个例子：假设有三个人找到了一棵树。他们想将树砍倒，制作工具满足自己的需求。一个人想制作一把小提琴，另一个人想制作一个木筏，最后一个人想劈了做木柴。那么，既然不能同时满足他们的要求，怎样判断才算合理？答案就在下一小节。

青出于蓝
社会人文主义

社会人文主义协调了自由人文主义中的一些问题，创造了一种与自由人文主义截然不同的新秩序。

📶 社会人文主义的逻辑

社会人文主义者认为，注重个人感觉的自由人文主义无法平衡社会关系。因此，人类的目的应当是获得人类整体的自由，而不是实现单独个体的自由。自由人文主义者主张，在理解他者之前应当先摸索自己的思想，以期达到理解他人、理解社会的效果。但是社会人文主义者认为，自由人文主义是资本主义式的思想，强调的是探索自我和个人享受。这些都只是眼前的小事，真正重要的大事是优先重视他人的需求与体验，并在社会当中发现和实现自我。

那么，重视他人、重视社会，作为一个最重要的要求，也不能像自由人文主义一样交给个人去判断。判断和决定这一切的将会是强有力的党派乃至国家。那么问题就在于组织应当怎样更好地理解组织内部的总体需求，以及怎样满足这些需求了。

📶 社会人文主义的历史

社会人文主义始于马克思的思考。他认为，个人的体验归根结底是一种社会的体验，反映的不是个人的自由发展，而是社会的现实状况。在这样一种状况下，只会带来一个不平衡的、充满了混乱和剥削的世界，变相剥夺了许多人的自由。那么，解决的办法就是让大多数的人掌控国家，决定国家的方针政策。

不过，这一理论最初在实践时遇上了困难。在国家的统合下，个人丧失了自由，使社会人文主义看上去与人文主义的宗旨背道而驰。不过，如今这样的状况已经得到了调整。

社会人文主义与国家

　　社会人文主义的一大特点就是将组织乃至集体的地位放在了更高的位置。那么，在社会人文主义者看来，国家是什么？国家是自由人不自由的集合体。为了创造国家，人们已经放弃了一部分自由，那么为了获得幸福，继续牺牲一部分自由又有何不可？

　　17世纪英国人霍布斯在作品中，将政府描述为一个巨大的怪物，也就是"利维坦"。利维坦由无数的人组合而成，人们放弃自己的一部分权利，目的是获得更令人满意的生活。自由人文主义忽视了政府的这种属性，但社会人文主义决定利用政府的这种属性消除自由人文主义缺失明确秩序的弊端。

　　在自由人文主义占据统治地位的社会，市场是自由的，人也是自由的，但人的生活环境，例如经济状况等，将迫使人从事他不愿意从事的事情，以获得生存所必需的报酬。

　　在社会人文主义占据支配地位的社会，集体有明确的目标，人的发展受到了限制，但人们可以集中力量达成更加困难的目标，因而从客观上能获取更大的自由。

差之毫厘，谬以千里
进化人文主义

如果说自由人文主义与社会人文主义是人文主义当中对立的两端，那么进化人文主义就是一种更加独立和新颖的理论。

进化人文主义的逻辑

如果说自由人文主义的标杆是自由，社会人文主义的标杆是社会，那么进化人文主义的标杆就是进化。进化人文主义既不追求自由，也不追求总体的幸福，它的最终判断标准是进步。进化人文主义认为，真正自由的是竞争的自由。竞争让人类从动物当中脱颖而出，成为星球的支配者，但如果放弃竞争创造一个和谐的世界，人类只会迎来退步与毁灭。那么，人需要做的就是加大竞争的力度，以期人类作为一个物种可以在优胜劣汰的过程中达到一个新的高度。

进化人文主义的历史

进化人文主义是科学革命的产物之一，它的理论基于达尔文的进化论。这是 19 世纪出现的一个重要理论，这种理论反对上帝造人的宗教观点，提出了一种全新的学说，认为生物通过竞争产生进化，在竞争的过程当中优胜劣汰，适者生存。

从这一理论衍生出来的思想就是社会达尔文主义。社会达尔文主义认为，人可以分成不同的人种，人种也和物种一样有优劣之分，应当通过激烈的手段实现优胜劣汰，剥夺劣等人的生存空间，并借此让优等人实现更大的发展。当然，社会达尔文主义只是进化人文主义当中的激进派，主张进化的理论本身还是有一定可取之处的。

社会达尔文主义与进化人文主义的区别

尽管进化人文主义与社会达尔文主义有千丝万缕的关系，但是两者之间也有区别。

进化人文主义

社会人文主义需要平衡社会，因此在一定程度上限制了人的发展。但进化人文主义主张不应限制这些人的发展，甚至应该为他们提供更好的条件。

进化人文主义的核心是进化，因此需要高效的、无障碍的竞争。因此，进化人文主义的目标就是创造这样一种环境。战争则是理想的竞争方式。

社会达尔文主义

社会达尔文主义限定的是种族的发展，因此区分了高等种族和低等种族。但是种族并不是区分人类能力的有效标准，人与人的个体差别极大，以种族为单位的进化是没有意义的。

社会达尔文主义建立在种族主义的基础上，因此在发展所谓"高等民族"时一定会伤害"低等民族"，但这种判断方式又是主观的。所谓"高等民族"的战败，不就等同于被自己的理论否定了自己的存在意义吗？

新时代的冲突

人文主义的"宗教战争"（1）

人文主义内部出现些许分歧后，爆发了规模庞大的冲突。

⏴ 自由人文主义与社会人文主义的冲突

三类人文主义都承认人的价值与人的体验，尽管各有分歧，但在根本目标上是一致的。随着宗教势力的消退，人文主义统治了世界，它迎来了分裂与新的冲突。

社会人文主义的历史与人文主义本身同样悠久。马克思让社会人文主义变得成熟，为新世界带来了动荡。资本家们将这种思想看作巨大的威胁，极力想要铲除这颗可怕的毒瘤。各国工人运动此起彼伏，主张自由人文主义的国家也不得不逐渐修正和采纳意见，赋予工人更高的地位。但是稳固的社会主义政权依旧在 20 世纪初冲破阻碍，向自由人文主义的世界展示了一种截然不同的可能性。

⏴ 进化人文主义与全世界的冲突

尽管进化的思想产生得较晚，但类似的进步思想出现得更早，并在 18 世纪启蒙运动开展时席卷了欧洲。随着进化论的诞生，进化人文主义正式成型。由于进化人文主义激进的竞争策略，采纳这种思想的国家展开了规模庞大的世界大战。其目的无外乎夺取更大的"生存空间"，使"优等民族"获得更多满足进化的资源。

进化人文主义的问题则在于，判断种族的优劣实际上是个非常主观化的问题。审核的标准不一样，得出的结论也不一样。依据单方面的原因认为某一人种属于"劣等人种"，其实就和将飞鸟按在水里淹死之后，得出结论认为鸟无法适应环境一样愚蠢。

进化人文主义的失败

进化人文主义由于其很大的竞争性，因而赞成者更趋向于主动挑战持有其他见解的人。进化人文主义直接导致了人类历史上规模最大的一次战争，它的最终失败也成了社会人文主义问鼎世界的垫脚石。

斯宾塞的社会达尔文主义

进化人文主义在自由人文主义的社会当中参与讨论，成为自由思想中的一支。代表人物有著名社会学家斯宾塞。

"适者生存"并不是进化论当中的概念，这个说法其实是斯宾塞提出的。达尔文的理论偏向于物种的演化，而斯宾塞则认为这种演化是一种竞争的过程。

进化人文主义大事件

1859 年	达尔文发表《物种起源》，进化论诞生。
1862 年	斯宾塞发表《第一原理》，社会达尔文主义诞生。
1925 年	希特勒发表《我的奋斗》，系统陈述了"生存空间"理论。
1939 年	第二次世界大战爆发，持不同信条者兵刃相接。
1945 年	第二次世界大战结束，进化人文主义退出政治舞台。

新时代的冲突

人文主义的"宗教战争"（2）

进化人文主义被否定之后，剩下的两大主义各自把持世界的一端，展开了激烈的争斗。

自由人文主义与社会人文主义的对立

1917 年建立的苏维埃政权唯一的创举就是建立了与其他国家截然不同的政治和经济组织形式。但是战争改变了一切。争夺"生存空间"的侵略者高傲地将军队开进广袤的东欧平原，却不得不屈服于苏联更广阔的国土和更丰富的人口。他们赶在美国人和英国人之前占领了大半欧洲，并着手让半个欧洲实践与他们同样的新制度。

随着殖民帝国一个接一个地崩溃，曾经饱受自由国家奴役的人们当然理解自由人文主义带来的不平等的弊端。以苏联为标杆，亚洲的一些旧殖民地也建立了社会主义制度。真正坚持自由人文主义的国家，只有西欧乃至美洲的一部分国家。社会人文主义隐隐有将自由人文主义取而代之之势。

一个看似和平的新世界

不过一切结束得都很突然。自由的浪潮很快席卷了世界，20 世纪 80 年代末90 年代初，大部分社会主义国家受到了冲击。世界似乎回到了不存在社会人文主义也不存在进化人文主义的时代。自由的概念得到了扩展，更多的人获得了更广泛的自由，但是除了自由之外，似乎没有别的选择了。那么，未来依然属于自由人文主义吗？

社会人文主义的历程

近代交通条件的改善使先进国家的研究者们接触了依然停留在原始社会的人，并以此为基础推演出人类社会的变迁过程。绝对平等的社会吸引了许多人的目光，这与当时充满了阶级差别的欧洲截然不同。于是，一个以这样的社会为理想的新思想逐渐诞生。

1516 年	莫尔写下了《乌托邦》，构想出一个绝对平等的理想乡。
1834 年	第一个共产主义组织正义者同盟在巴黎建立。
1848 年	马克思与恩格斯起草了共产主义运动的纲领性文件《共产党宣言》。
1864 年	第一个国际工人组织，国际工人联合会在伦敦建立。
1871 年	第一个工人政权巴黎公社建立，不过很快革命就被扑灭。
1898 年	俄国第一个马克思主义政党俄国社会民主工党成立，它就是后来的苏联共产党。
1917 年	第一个社会主义国家俄罗斯苏维埃联邦社会主义共和国成立。
1922 年	几个旧俄罗斯帝国境内的社会主义国家共同建立了苏维埃社会主义共和国联盟，即苏联。
1943-1949 年	东欧社会主义国家逐个建立。其中最早的是南斯拉夫，最晚的是民主德国。
1949 年	中华人民共和国成立。
1950-1953 年	社会主义与自由主义两大阵营对垒朝鲜战场，这是二战后双方第一次发生武装冲突。
1955-1975 年	两大阵营再次对垒越南战场，而这一次则以自由主义阵营的彻底失败告终。
1989-1991 年	欧洲社会主义国家纷纷崩溃，自由主义再次统治世界。

关系全人类命运的 19 世纪
生产方式区分下完全不同的亚欧世界

19 世纪的欧洲与五百年前相比完全是两个世界。但 19 世纪的亚洲整体上似乎和五百年前没有什么区别。

势力对比

铁轨上飞奔的列车，瞬间成为永恒的照片，千里传音的电话，乃至牵动钢铁巨兽的内燃机，19 世纪，一个又一个影响深远的发明被创造出来。放在今天，我们知道它们是决定了人类今后生活方式的伟大发明，但在 19 世纪时，情况并不是这样的。

19 世纪，殖民者的足迹尚未踏遍世界。那时，丛林深处依然有着原始的部落，他们或信仰高山，或信仰闪电。亚洲拥有世界绝大多数人口，在那里，许多人甚至没有见过蒸汽机，直到他们死去。中国人依然服从天子的圣命，印度人依然死守种姓的壁垒，甚至连欧洲人也继续着每周的祈祷。至少在这个世纪里，那些新的发明看上去并没有什么优势。

势力消长

后面发生的事情也不必赘述。简而言之，先进的欧洲人理所当然地征服了落后的亚洲与非洲。生活在古老的国度，祖祖辈辈过着同样生活的黄种人和黑种人不得不开始接纳那些看上去诡异而奇妙的玩意儿。

汽笛穿越关东的农田，地里的农民被拍成照片。接到万里开外的一封电报，锃亮的汽车绕过屹立数百年的城墙。而当这样的景象在亚洲的任何一个角落随处可见时，所有人都会承认，这些新发明彻底改变了他们祖辈的乃至他们的生活。这是在那些发明刚刚问世时就已经注定的事情。

19 世纪的两种生活

19 世纪，两种截然不同的生活方式同时存在。一种是欧洲资本家们的生活方式。现代科技对他们来说触手可及。另一种则是亚洲传统农民的生活方式。现代科技与他们暂时无缘。

欧洲人衣服的布料都是通过大工厂生产出来的。尽管高级的衣物还是需要手工裁缝，但布料本身的质量已经得到提高。

身处伦敦的英国人能喝到印度种植和生产的红茶。原本没有饮茶习惯的英国人，逐渐形成了喝午茶的风气。

大城市的街头，马车依然属于主流交通工具。不过19 世纪末时，巴黎等城市的街头已经可以看见汽车的影子了。

欧洲上流社会的生活

亚洲底层农民的生活

亚洲农民的衣服大多是家庭作坊生产出来的。整体比较简陋，也比较粗糙，制造工艺与几百年前相比没什么区别。

在什么地方，吃什么东西。种植农作物，其中大部分要作为地租上交，剩下一小部分中很大一部分又要给自己吃，最后剩下一点点可以拿去销售。

对于农民来说，马车都是一种奢侈品。更多的时候他们会步行，或者使用牛车、驴车。

承先启后

新认识与新时代

宗教不能为人文主义的世界提供替代方案。同样地，人文主义也不能为未来世界提供替代方案。

___

〰 毫无建树的现代宗教

放在古代，宗教还有调整社会秩序的作用。但是近代以来，宗教的这一作用显然逐渐被人文主义所取代。并且，谈到现代的成就，人们往往会想到工业革命，想到殖民与开发，但并不会意识到宗教方面的成就。

那么，宗教为现代做出了什么贡献吗？儒教没有阻止西方人在中国展开掠夺，伊斯兰教也没有挽救崩溃的奥斯曼帝国，反倒是主张世俗化的改革才给了古老帝国一线生机。就连上千年来君临罗马古城的教宗也被世俗势力逼得退居城中一隅，最终彻底被吞并。

〰 人文主义即将面临挫折？

那么，即使在今天，人文主义支撑起了整个人类世界，也没有人能保证这种秩序在未来永远持续下去。按照自由主义的理想，明天的人类将追求长生，一步步地成为神。但是正如科学革命为人文主义创造了一个新的世界一样，或许正在进行的科技革命也将创造一个新的世界。在那里，人们需要依靠又一种全新的思想才能生存。

人文主义时代的丧钟已经敲响，人类即将迎来新时代的黎明。人文主义的根本理念——自由，即将被科技解构，这将质问人类自由的意义究竟何在。

未来的模样

不同时代，不同人眼中的未来也是不一样的。并且，每个时代的人都会将他们眼中的未来视为理所当然。然而，最常出错的恰恰就是本被视为理所当然的事情。

过去

各大宗教都有对未来的设想。例如，基督教设想的未来就是所有人接受上帝的审判，信教者将与上帝共同前往天国，而作恶者、不信教者将在地狱中接受永远的折磨。

现在

人文主义对未来的设想则很简单。为了实现人的最大发展和最大自由，人类要实现永生，要获得幸福，并且，人类正在一步步实现这个梦想。

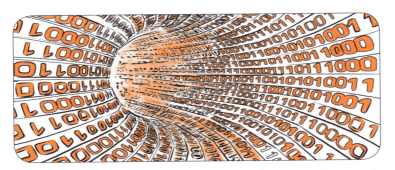

未来

那么在未来，人们又会怎样审视自己所处的情况，怎样理解他们的未来呢？尽管现在并没有人能给出肯定的答案，但从正在进行的科技革命当中我们已经可以看出端倪。

第三部分

智能时代：
人类如何胜出

第十一章
科学已经动摇了自由主义哲学

当科学推翻哲学
自由意志的动摇与消亡

自由意志是哲学里面的一个专业概念，可理解为意识选择做什么的决定，也就是意志的主动性。

〽 人类的自由意志

自由主义相信人类有自由意志，凭借自由意志人们进行投票选举以及做出其他选择。在约翰·洛克以及托马斯·杰斐逊时代，人类不可置疑地具有自由意志。如果有人杀了人，那么这个人将会因为行使自己的自由意志进行谋杀而必须为自己犯下的罪行承担后果。

我们的自由意志让我们可以对整个宇宙产生认知，是其他人难以感受到的，外人不可能知道你的内在感受，所以他们也不能代替你做出选择，所以你不该让外人来决定你的选择。

〽 生物预设与随机

基因学家将人类行为解释为生物预设与随机结合的产物，神经元之所以放电是因为生物预设——只要受到外部刺激便会如此反应，当然这一切也可能只是随机反应。20世纪，科学家揭开了智人的秘密，但在智人体内并没有找到灵魂或者自由意志。自由意志与当代科学之间的冲突已经像站在实验室的一头大象，研究员们尽量花时间多盯一会儿显微镜，或许这样的话就不必受到大象的影响了。

就目前的科学水平来看，人的选择不论是生物预设还是随机生成，都与自由意志相去甚远。自由意志就像"灵魂"一词一样，是一个存在于人类想象中的空虚之物。

意识汇集成为意识流

如果我们接受了之前的论述，认为人类没有灵魂，并且也不存在自我。那么，人类是如何做出各种行为的呢？促使人类做出各种行为的内在动因又是什么呢？

随机的机器人

假设有一台机器人具有与微观粒子相似的"测不准"性质，只要遇到需要做出决定选择的情景，机器人做出的选择完全没有规律可循。这样我们就无法预测机器人下一次将会做出何种选择，这种不可预测的随机性不能被认为是自由。

自由意志的消亡

自由意志被认为是我们根据自己内心喜好做出行动，不能被预测，也不应该让外人来决定我们的兴趣和欲望。按照这种观点来说，我们并不存在什么自由意识，存在的只是人类的欲望，这些欲望则只是人类意识流上起伏不定的波浪。

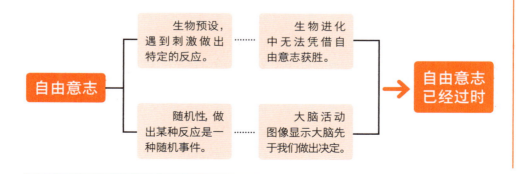

自由意志

- 生物预设，遇到刺激做出特定的反应。 ……… 生物进化中无法凭借自由意志获胜。
- 随机性，做出某种反应是一种随机事件。 ……… 大脑活动图像显示大脑先于我们做出决定。

→ 自由意志已经过时

当大脑被控制
对自由意志的再次试探

基于特定的脑波对应特定的行为，科学家们已经研制出可以控制老鼠行为甚至控制人类行为的电子器械。

ᯤ 机器生化鼠

机器生化鼠实验让人们对自由意志的信任再一次发生了动摇。科学家在鼠的脑中植入了可以刺激感觉和奖励机制的电极，从而实现了操纵老鼠的目的。稍加训练后，老鼠甚至可以按照人类的意愿前进、后退、奔跑以及跳跃等。

有些人认为这种在老鼠脑中植入电极的做法太不人道，会对老鼠造成伤害。但科学家们则持有相反的观点，他们认为在这些实验中其实老鼠总是处于一种非常开心、非常情愿的状态，它们很享受这个过程。它们每次完成任务后，脑中就会产生愉悦的反应。

ᯤ 用电极影响智人

如果说此实验不足以使人信服，那么智人电极实验则拥有更强的说服力。美国军方进行人脑计算机芯片植入实验，希望消除士兵受伤后的应激障碍。医生为患有躁郁症的病人大脑植入电极，在病人每次抑郁之前会向造成病人抑郁的区域释放微弱的电流。令人惊奇的是，大部分病人顺利走出了阴影。

这种将电极直接植入人脑的做法备受谴责，只会在极少数的情况下采用。相较之下，头戴式的非植入性电极就容易让人接受了，通过使用这种设备，我们拥有了更多的研究思考素材。

认识生物电

生物的器官、组织和细胞在生命活动过程中会发生的电位和极性变化，这是正常生理活动的表现，是生物的一个基本特征。

1960 年
电子计算机开始运用于电生理的研讨，使诱发电位能从自发性的脑电波中清晰地区分出来，并可对细胞发放的参数精确地分析计算。

1939 年
A.L. 霍奇金和 A.F. 赫胥黎将微电极插入枪乌贼大神经，直接测出了神经纤维膜内外的电位差。这一技术的革新，推进了电生理学理论的发展。

1922 年
H.S. 加瑟和 J. 埃夫兰格首先用阴极射线示波器研究神经动作电位，奠定了古代电生理学的技术基础。

1903 年
威廉·埃因托芬用灵敏的弦线电流计直接测量到微弱的生物电流。

19 世纪
C. 马蒂乌奇、E.H. 杜布瓦 - 雷蒙和 L. 黑尔曼等的工作都证明了生物电的存在。

18 世纪中叶
路易吉·伽伐尼用"动物电"这一术语来描述使他的青蛙肌肉标本产生运动的力量，认为这种活动是由神经中的一股电流引发的。亚历山德罗·伏打提议将这一现象以伽伐尼的名字命名为"流电"（galvanism）。

18 世纪初
人类发现动物体带电，并利用电鳐所释放的生物电治疗精神病。

我的快乐是谁的快乐
用电流控制人脑

如果你发现自己的快乐是可以通过某种既定的程序被创造或者被唤醒的话，你会怎么想？或者看到别人在电流的刺激下变得快乐，你会怎么想？这些快乐是真实的吗？

欲罢不能的电流刺激

莎莉·艾迪是美国军方头戴式非植入性电极的体验者之一。在不使用电极的情况下，她在战斗模拟室中难以应付不断冲上来的敌人，认为自己表现太差，情绪低落。但当佩戴了电极之后，她则完全换了一种状态，态度冷静、枪法熟练，将冲上来的敌人一一撂倒。莎莉·艾迪在训练时的这种冷静也让她做事变得更加专注，清除了脑中不必要的杂音，甚至特别想重新接通电极，再次体验那种快感。

将脑中的声音放大或减小

我们可以通过电极刺激让脑中的声音放大或者减小，排除大脑中的其他声音，遵循自己内心较为原始的想法而进行各项工作，比如排除干扰以学习某项技能，专注于某一件事情等。不得不说我们利用凭借自由意志而增强的自由意志来削减自由意志，这是自由意志增强的表现。

使用电流刺激人脑的长期效应以及会否有后遗症目前来说都是不能确定的事情，这项技术即使到目前为止仍然只是刚刚起步。虽然电流刺激的确有助于人类达到一些世俗的目的，但这并不足以支持国内某些通过电流试图戒除网瘾或者训练青少年专注力的非正规戒管所。

人的神经系统

为了应对体内和体外的环境变化和压力，人体需要一个调节器官来与这些变化紧密联系，并保持稳定的状态。借由复杂的神经系统以及内分泌系统，人类才能够响应外界的环境变化，产生适当的身体反应，并且进行思考和记忆等活动。

人体神经系统分类

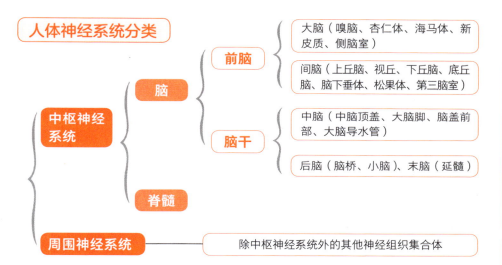

		前脑	大脑（嗅脑、杏仁体、海马体、新皮质、侧脑室）
中枢神经系统	脑		间脑（上丘脑、视丘、下丘脑、底丘脑、脑下垂体、松果体、第三脑室）
		脑干	中脑（中脑顶盖、大脑脚、脑盖前部、大脑导水管）
			后脑（脑桥、小脑）、末脑（延髓）
	脊髓		
周围神经系统			除中枢神经系统外的其他神经组织集合体

人体的神经系统包括脑、脊髓和神经。神经系统虽然只占人体体重的 3% 左右，但却是人体最复杂的系统。

神经兴奋传递

神经系统中的神经信号传输主要通过神经纤维上的电位差及递质进行传递，正是这些信息的传递促使我们完成了各种活动。

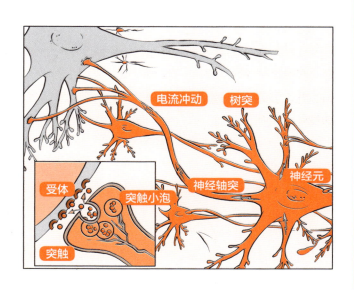

电流冲动　树突　神经元　神经轴突　突触小泡　受体　突触

我的两个小人在打架
左右脑的不同思考过程

科学证明了自由主义的虚妄，同时也消解了个人这一概念。在每个人的内心之中并不存在一个统一的、不可分割的、真正的自我。

左右脑在功能上的区别

现代生物科学研究表明，很难存在真正的自我，身体器官可以替换，就连大脑也有左右脑的明显区别。人的两个脑半球之间通过神经纤维束连接，在身体操控方面，每个半脑负责接收和处理对面身体获得的信息。在情感认知方面的区别并不太明晰，但相对稳定的观测现象显示，左脑在语言和逻辑推理方面表现出更大的优势，而右脑则善于处理空间信息。左右脑令人吃惊的差别并不仅仅在于功能上的差别，还在于它们在进行决策时截然不同的表现。

"真正的自我"

1981年诺贝尔生理学或医学奖获得者罗杰·斯佩里及自己的门徒迈克尔·加扎尼加是研究"脑裂"的专家，他们问一名青年患者长大之后想做什么。患者回答："绘图员。"须知语言逻辑能力是由左脑掌控的，研究人员想知道患者右脑的想法，于是他们在纸条上写下同样的问题，在患者左侧堆放字母纸片，让患者拼出答案。令人惊奇的是，这次的答案变成了"汽车比赛"。这种"不合理"的现象并不是个例，我们的左右脑常常对自己撒谎。在面对这种不统一的情况时，擅长逻辑思维和语言能力强的左脑会站出来对这些现象进行解释，以说服自己。

斯佩里左右脑分工理论

　　罗杰·沃尔科特·斯佩里（1913年8月20日－1994年4月17日）是一位美国神经生理学家，出生于康涅狄格州哈特福。由于对大脑半球研究的贡献，而获得1981年诺贝尔生理学或医学奖。

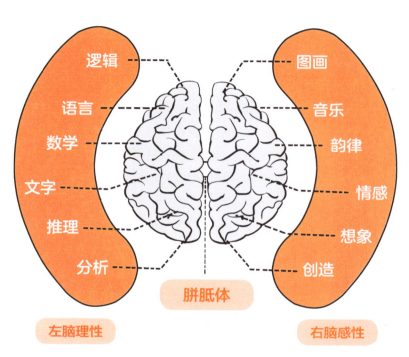

正常人的大脑有两个半球，由胼胝体连接沟通，
构成一个完整的统一体。

左脑功能

　　逻辑理解、记忆、语言、判断、排列、分类、逻辑、分析、书写、推理、抑制、五感等；

　　思维方式具有连续性、延续性和分析性；

　　称作"抽象脑""学术脑"。

右脑功能

　　记忆、直觉、情感、身体协调、视知觉、美术、音乐节奏、想象、灵感、顿悟等；

　　思维方式具有无序性、跳跃性、直觉性等；

　　称作"艺术脑""创造脑"。

违背"自我"的自我

峰终定律显示出人对于自我的背叛

我们为什么会在二者中选择那个，而不选另外一个？再一次选择时我们还会坚持原来的选择吗？究竟哪一个选择才应该是真正的自我，反映了我们内心最真实的想法？

峰终定律

诺贝尔奖得主心理学家丹尼尔·卡恩曼研究发现人对体验的记忆由两个因素决定：高峰时与结束时的感觉，这就是峰终定律。这条定律基于潜意识总结体验的特点：对一项事物体验之后，人所能记住的就只是在高峰与结束时的体验，对于体验的评价与在过程中好与不好体验的时间长短基本没有关系。

冷水实验

2002 年，丹尼尔·卡恩曼让一组志愿者参加一项实验。在实验开始的阶段，志愿者被分成两组，每组成员需将手伸进 14℃ 的水中 60 秒，60 秒过后，其中一组将手拿出来，而另一组则会持续一小段时间，不过此时的水会稍稍增温至 15℃。实验第二个阶段，两组成员的实验对调。几分钟后，实验进入最后一个阶段，让所有成员自由选择各自的冷水实验。

研究人员发现，当可以自由选择两种冷水实验时，约有 80% 的成员选择了时间更长的那一组冷水实验。这岂不是一件让人费解的事？事实上这就是峰终定律的一个实验例证。我们对于事件的体验记忆往往综合最深刻的记忆及最终的记忆这两点，与其中经历的大部分事件都没有关系。我们乐于做出违背自我的选择。

体验自我与叙事自我

冷水实验告诉我们，人体内至少存在体验自我与叙事自我两种不同的自我。叙事自我和体验自我并非各自独立，它们关系紧密、相互影响。没有体验自我的体验，叙事自我难以进行故事剪辑，不能生成回忆。而没有叙事自我，体验自我则会让人缺乏计划，只停留在当下。

二者的关系

体验自我直接生成叙事自我所需的素材，而叙事自我对事件的描述也会影响此后每一个时刻体验自我的具体体验。如在斋戒月时的禁食与单纯没钱购买食物都会使人陷入饥饿状态，但两种情形下的体验自我却会有完全不同的体验，而这种当下的体验自我也会成为事后叙事自我进行叙事的素材。

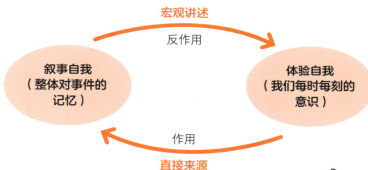

宏观讲述
反作用
叙事自我（整体对事件的记忆）
体验自我（我们每时每刻的意识）
作用
直接来源

管住嘴，迈开腿

很多人减肥失败在于并没能合理控制饮食与锻炼，说到底其实是体验自我在一次次进行减肥计划前都完胜了叙事自我。我们长远考虑可能都比较希望自己能够有健美的身材，但却总是难以克服体验自我对美食及慵懒的依赖。

迴异的叙事对应截然不同的结果

体验自我与叙事自我各司其职

正如多重性人格疾病患者具有不同的人格一样，其实在我们普通人体内也潜藏着不同的自我，只是平时它们都可以相安无事，保持在一个可以被人接受的程度而已。

不同的自我

人体内至少存在两种自我：体验自我与叙事自我。体验自我是我们每时每刻体验周围世界时的自我，而叙事自我则是我们回忆总结过去时的自我。在冷水实验中，体验自我在手伸进冷水中时无时无刻不感受这种痛苦，当水温稍微升高一点后，这种痛苦稍微减轻了一点儿，但依旧会让人感觉到不舒服。而这些体验在叙事自我的眼中就只能看到最高峰的痛苦以及结束时程度不同的痛苦，叙事自我不关心每一个当下我们的感觉，它就像小说一样，通过故事框架将故事构建出来。

孰强孰弱

叙事自我与体验自我对自我的影响力到底孰强孰弱？女性在分娩时痛苦难耐，但即使有这样的痛苦体验，许多女性仍旧会选择诞下第二个乃至更多个宝宝。女性在生产之后的一段时间里体内会产生皮质醇和内啡肽，这些物质缓解了身体的疼痛甚至带来欢快的感觉。再加上人们的安慰以及对小婴儿的爱，这种体验被叙事自我改写成一种美好的记忆。但有时体验自我也会乐于施展自己的影响力，比如一再下决心减肥的人却往往抑制不住对美食的喜爱，体验自我让人满足了口腹之欲，而叙事自我则又得在悔恨中再次下定决心了。

叙事自我对体验自我的背叛

并不是所有人都有讲故事的权利，个人对某一段经历的描述过程也是如此。叙事自我与体验自我对同一件事拥有完全不同的描述，但只有叙事自我能把这种描述表达出来。

并不牢靠的"发言人"

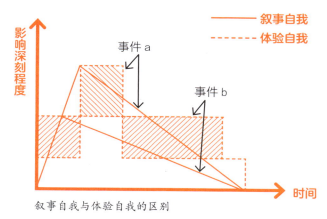

叙事自我与体验自我的区别

在体验自我中，事件a的总体影响程度低于事件b；在叙事自我中，事件a的总体影响程度高于事件b。

体验自我每时每刻收集的信息最终会由叙事自我进行讲述，叙事自我的描述有时会与体验自我的总体记录结果呈现出巨大的差别。如图中对两件事情的体验有高下好坏之分，但经过叙事自我讲述之后这两件事情之间的比较结果则会完全转变。

回忆录的剪辑师

叙事自我的讲述方式决定我们对过去事情的回忆，它就像一个剪辑师，只把故事中令人印象深刻的部分保留下来，再配上相应的开头与结尾，一部由叙事自我剪辑的回忆录就生成了。

无悔的逝去

我们都很会"讲故事"

无悔是否意味着有后悔的可能或者有这方面的质疑。是的，就是这样。英明的人不会认为自己的东西会白白损失掉。但逝去的终究逝去了，失败的局面可是难以仅靠后悔就能扭转的。

🎐 我的孩子不会白白牺牲

虽然不能武断地说战争应该靠和谈来尽量减少不必要的损失，但有时的确因为政客的浅薄及怯懦致使人民遭受了沉重的苦难。一场战争往往会经历多次的斗争及征兵，一排排的士兵倒下之后，想让活着的人依旧能够投入战斗，政客们必须为倒下的士兵赋予光荣的意义，以此来说服大家为了国家利益继续参军投入战斗。战争让国家和人民都泥足深陷，难以自拔，但往往理智地止损才能保存更大的利益。

🎐 我的投入一定带来回报

几千年前，神职人员发现当教徒为自己的信仰奉献出一定价值的东西时，他们的信仰会更坚定，而且这种牺牲越令人痛苦，这种坚定的程度就越高。如果有一个贫穷的人为神献出了自己的大部分财富，那么他对这种信仰就极有可能变得死心塌地，甚至可能会奉献更多的财富，因为他不愿意接受自己之前的付出只是可能因为自己轻信了一个神棍，于是源源不断地奉献着自己的财富。同样的叙事自我也表现在战争中蒙受损失的家庭及个人。这种事情在政府的决策中也同样屡见不鲜，政府可能开始预算在某一项目上只投资几千万，但由于投入第一笔资金未完成工作，而投入后续资金，最终花费可能远远高过之前的预算。

并不理性的人

理性的人能够自信、勇敢、冷静地面对现状，并快速全面地了解现实分析出多种可行性方案，再选出最佳方案。但更多实例是，我们因为某些特定的原因却一直采取着一些错误的策略，而且还得说服自己默默承受因为不够理智而带来的后果，相信决策的"合理性"。

艰难的决定

买完电影票后，发现电影不好看，又不能退票，到底看还是不看？

大多数经济学家认为，如果你后悔买票了，那么你当前的决定应该是基于你是否想继续看这部电影，而不是你为这部电影付了多少钱。此时你不应该考虑已经花掉的钱，而应该以是否值得再花费时间为标准。经济学家们建议不要继续看电影，应该腾出时间来做其他更有意义的事。

远超预算的费用

1999 年，苏格兰计划用两年时间花费 4000 万英镑盖一座新的议会大厦。但最终建成议会大厦却花费了五年时间，资金耗费 4 亿英镑。

每当承包商向苏格兰政府申请延长工期增加预算之时，政府都不得不再次为承包商拨款。因为此前已经投入的成本让政府不愿意也不敢放弃这个工程，最终花费了之前 10 倍的预算。

虚构的故事

认知矛盾与自由意志

自由主义者宣扬每个人应该按照自己的意愿不受他人影响地进行投票、选举以及购物等社会活动，这种意愿被称为"自由意志"。自由主义者认为这是最尊重个人遵循宇宙规律的做法。

📡 我们如此矛盾

即使从科学角度能够完全证明不存在自由意志，也不能消除人们对所谓自由的认同。如果人们的意识形态可以如此轻易改变的话，那么在《物种起源》出版 150 多年后的今天人们应该早就不相信上帝了。人类内心完全可以接受一套观点，而外在则采用与内心相悖的行事方式。事实上，即使写过数百页篇幅的文章论述自由意志不存在的科学家也仍然高举自由主义的旗帜。

📡 自由主义的生命力

18 世纪约翰·洛克及托马斯·杰斐逊提出的伦理观点和政治观点在现代科学的冲击之下显示出顽强的生命力。我们清楚地知道不存在自由意志，但却同样对它深信不疑，甚至为它付出生命。社会信仰及结构的改变是一个缓慢的过程，就像宣传新文化的新青年却仍旧难以摆脱包办婚姻一样。或许只有等到这些科学见解转变成日用产品，融入了日常生活，才有可能彻底改变人类在 18 世纪发展出的对这种自由主义的认识。未来自由主义将要面临的最大威胁可能是科技对作为哲学、伦理范畴的自由这一命题的挑战。民主、自由和人权这些概念是否能承受住科技洪水的大暴发而幸存下来？

现代科学对于自由意志的认识

　　自由意志指在各种可能的方案中，主体进行选择和决定行动的能力。现代科学对自由意志的认识不同于以往哲学及道义上将自由意志推向圣坛。相反，现代科学将自由意志进行了消解。

**混乱的
自由意志**

　　强迫症患者会感觉到自己违反个人意志去做一些事情，比如一天洗手数十次甚至数百次；妥瑞症患者，会不自主地说话和运动；异手症患者会感觉被别人控制做出一些有意义的动作。相应患者认为这种欲望本质上和他的个人意志背道而驰。

**有意识之前
的大脑活动**

　　海恩斯、本杰明·里比特以及伊扎克·弗雷德等人都通过脑部扫描观测发现，早在参与者产生意识之前，大脑就有了活动。事物的命运在他们进入意识之前就已经被决定了，决定的意识是在决定做出之后才产生的。

**谁为我
做的决定**

　　科学家在利贝特受试者的脑电图中发现，皮质下脑区的兴奋与出现知觉意间隔 7~10 秒钟。在意识到自己会点什么菜之前，人脑中某些部位很有可能已经做了决定。

**自由拒绝
意志**

　　布拉斯与黑格德发现，脑中有一块称作左背侧中额叶的特别区域，在人进行这种有意的意识抑制行为时会兴奋起来，那就是自由拒绝意志。

第十二章
超人类与无用阶级的分离

为什么男女是平等的
人权兴起的原因

从氏族社会到奴隶制社会再到封建统治王朝，并没有人权的概念，也不会有所谓的"人人平等"，那么什么时候出现了这种思潮，又有什么内在的依据呢？

《人权和公民权宣言》

《人权和公民权宣言》颁布于 1789 年 8 月 26 日，是法国大革命时期的纲领性文件。宣言采用了 18 世纪的启蒙学说和自然权论，自由、财产、安全和反抗压迫是天赋的不可剥夺的人权，肯定了言论、信仰、著作和出版的自由，阐明了权力分立、法律面前人人平等、私有财产神圣而不可侵犯等原则。

18 世纪，全法国人民处于被征发的状态，巧合的是，国民公会在宣扬普世人权的同时又下令动员全国男女老少进行斗争。关于二者之间的内在联系足堪玩味，人权的思想并不仅仅局限在战争时期，在和平年代，这种观点也有助于产生更多劳动力，刺激更深层的劳动意愿。

女性权利的扩大

权利与义务通常是对等的，女性享有更多的权利，也往往意味着女性需要承担更多的来自家庭和社会的义务、要求。第一次世界大战之后，妇女获得了很多权利，这是因为在某些方面妇女能够发挥的作用并不比男性小，政治上也赋予女性以更多的权利。参与竞选的党派承诺给妇女以足够的权利，开放更多的工作岗位，以此来获取和平年代民众的信任，获得在政治上的支持。

《人权和公民权宣言》

　　《人权和公民权宣言》，简称《人权宣言》，颁布于 1789 年 8 月 26 日，是法国大革命时期的纲领性文件。有其先进性所在，但也有相对的局限性，如其中对"市民权"的规定等。

思想渊源

让－雅克·卢梭

　　《人权宣言》受到美国的《独立宣言》和各州权利法案的影响。关于人权宣言的思想渊源，学术界仍存在争论，德国学者耶利内克认为它抄袭北美的权利法案，而法国学者布特米则认为《人权宣言》的文本为法国原创，观念上继承的是法国启蒙思想家让－雅克·卢梭的思想。

历史意义

　　《人权宣言》宣称天赋人权，坚持自由平等的原则，否定了封建等级制度，体现了摧毁封建君主专制的要求，成为资产阶级夺取政权和巩固政权的思想武器，昭示着新的资产阶级政治制度的诞生。

　　《人权宣言》将启蒙思想发扬光大，起到承先启后的作用，对欧美的资产阶级革命及改革产生了广泛而深远的影响，还推动了许多国家民主思想的发展。

不足与完善

　　受社会环境局限宣言里保障的人权仅针对"拥有市民权的男性"，在当时，女公民及奴隶是不被当作完整的"人"来看待的，并无公民权。

　　1791 年由奥兰普·德古热草拟《妇女和女公民权利宣言》草案，这部权利草案首次明确提出了妇女权利要求，宣布"妇女生而自由，在权利上与男子是平等的"。

算法的优势

人类与算法相比的不足

现代生物科学将人的行为看作是体内生物算法的作用表现，于是人类与机器的竞逐也可以从更深层的视角将二者当成是算法与算法的较量。

战争中算法的优势

到了 21 世纪，大多数人类直接参与战争并对战争走势发生决定性影响的情形已不多见。现代社会需要更高精尖的人才以及技术，一击致命，对于高科技部队以及特种部队培养计划就被摆在了极其重要的位置。这是战术战略上的一种取舍，更多人的参与战斗的人海往往更难以采取立即的行动，以至于落败。

战士在战场上往往会受到恐惧、饥饿以及身体上痛苦的折磨，几千年来，这些左右战士战斗力的因素并没有发生过什么大的变化。中国古代战时有加急战报，即使到现代，对于战场情势的报告往往也是逐级的。试想一下一架靠算法操控的无人驾驶机与一架由士兵操控并需要向上级报告的飞机在相遇时，谁会更先做出反应？谁会更果敢一些？

更人道的计算机士兵

几万年的人类社会发展，使得人类难以摆脱伦理道德对于人类时常不得不面对的来自良心的考问。人类士兵投入战斗之后也往往容易造成诸如谋杀、抢劫以及强奸等罪行，违反了人们对人权以及自由的追求。如果让计算机士兵遵守最新的国际战时道德规范，那么这些计算机士兵对伦理道德的遵守程度会比人类士兵高得多。

远去的优势

人类与机器算法的较量之中，人类已经显得越来越吃力。世界上关于胜负的评判标准并没有复杂到衍生出意识，所以机器算法比人类深谙其道。

"真正的玩家"

游戏的难易程度反映出算法与人类智能的较量，基于更复杂的数据的算法的 NPC 往往比人类的操作能力更强。

在某些游戏中，选择不同的游戏难度，电脑中的游戏角色往往会被激活使用更加高级的算法，这些算法要求人类玩家做出更精确而明智的操作。倘若开发出某种适用于该游戏的算法，玩家被虐菜也是常理之中的事。

选择游戏难度

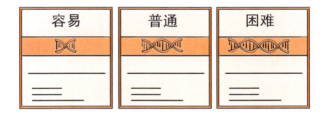

游戏难度选择界面

理智的算法

智能算法能够在第一时刻做出反应，理智冷静，会时刻进行评估做出最优决策。而人类战士在战术灵活度上则难以与算法比肩，人类战士不得不服从上级调配，容易受到情绪影响，做出不理智的决策等。

发现敌机，是否发起攻击，请指示！

精英阶层会否继续承认人人平等
人权和自由面临的空前危机

到了 21 世纪，在某些方面计算机已经完胜人类，高效率的程序取代了大量的重复性劳动，失业率不断升高。在大部分人已经难以创造更多价值的情形之下，精英阶层是否会继续承认人人平等？

"被撤掉保护伞"

自由主义的影响大不如从前，社会财富越来越集中在更少数的人手中，大众在经济上的地位变得越来越低。过去许多必须由人类完成的工作，高效率、低边际成本的机器人和计算机已经显示出非凡的影响力，并且这种影响力还在继续加大。从使用角度考虑，人人平等的基础已经变得非常不牢靠，而新的需要人权的基础还没有出现，人权已经难以仅靠伦理道德而占据人心。

经济基础的改变

马克思主义哲学认为经济基础决定了对应的上层建筑，社会生产力发展到什么程度，就会产生什么样的经济基础。上层建筑包括阶级关系、维护这种关系的国家机器、社会意识形态以及相应政治法律制度、组织和设施等。在经济领域，自由主义与资本运作之间的关系已经受到了严重的威胁，与此相关的政治法律基础也势必发生相应的改变。20 世纪，自由主义受到伦理道德及经济发展的双重保护，但在 21 世纪经济形式已经发生了大改变，之后的时间里也势必发生更大改变。可以肯定的是，即使在之后的时期自由主义仍旧可以占领相应的市场，那产生这一社会现象的内在根据也必然发生变化。

自由与平等是否会继续存在

从历史上来说，人权的概念是从 18 世纪开始崭露头角的，此前人们并不认为人人享有平等的权利。思想潮流有起有落，人权思想是否会被接下来的某种思潮取代也未可知。

不平等的"平等"

即使身处 21 世纪初，民权盛行的现在仍然有许多被我们视而不见的不平等，阶层固化、贫富差距以及阶级差异等都成为不平等的实证，人类的分配方式可能再次发生转变。

经济基础与上层建筑的关系

经济基础与上层建筑是一对矛盾的哲学问题，马克思主义哲学认为上层建筑是经济基础发展的产物，是为经济基础服务的。如果宣扬人人平等对于提升生产力并没有太多用处，那么很难想象未来精英阶层会继续鼓吹人权。

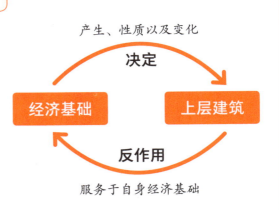

产生、性质以及变化

决定

经济基础 → 上层建筑

反作用

服务于自身经济基础

智能与意识孰轻孰重

智能与意识的重要性比较

科幻电影常将计算机发展出意识作为智能的一个关键节点，似乎只有高度智能与意识相结合才能从事有高度智能的工作，如下棋、诊断疾病以及辨别人类情绪等。不过，这种观点正在经受严酷的考验。

马匹与车辆

工业革命的发展使得交通工具从马车改进到了汽车、火车等。不可否认马匹拥有更强大的能力，比如跳跃、感觉、辨识的能力甚至是表演能力，这些几乎都是现代车辆无法与之相媲美的。但现代社会的长途运输需要的则是车辆，而非生动活泼的马匹。在个别领域能否决胜成了生物或者人造物能否被广泛应用的关键。在这一点上，司机被自动驾驶程序取代的可能性也凸现出来了，驾驶过程中司机可能会跟你说一两个笑话，也可以在内心感叹造物的奇妙。司机的外在表现，程序都可以做到，不过程序可以全程做到专心开车，而这对司机来说则难多了。

证券交易动荡

人类对市场的反应能有多快？再快也不如证券交易算法来得快。2013 年 4 月 23 日，美联社官方推特账户受到黑客攻击，当天 13:07 该账号发文称白宫遭受攻击，于是各个持续监管新闻媒体的交易算法迅速抛出股票，短短 60 秒时间内道琼斯指数下降了 150 点。13:10，美联社发文澄清事实，算法于是在 13:13 又完全收回了之前的损失。算法比人类更加迅速，做出决策时也能更加客观和冷静。

令人自叹不如的算法

智能算法以其强大的运算能力让人类自愧不如，但真正挫伤人类自尊心的则是智能算法在人类本以为占有优势的领域的获胜。

AlphaGo 对阵李世石

AlphaGo（阿尔法狗）是一个围棋人工智能程序，由谷歌旗下 DeepMind 公司开发，其主要工作原理是"深度学习"。2016 年 3 月，该程序与世界围棋冠军、职业九段选手李世石进行人机大战，并以 4：1 的总比分获胜。赛后，分析 AlphaGo 的棋路之后，多数人认为人类已经难以再在围棋上打败 AlphaGo 了。

道琼斯指数

道琼斯指数（Dow Jones Industrial Average,DJIA，简称"道指"）是由《华尔街日报》和道琼斯公司创建者查尔斯·道提出的几种股票市场指数之一。他把这个指数用来测量美国股票市场上工业部分的发展变化，是历史最悠久的美国市场指数之一。

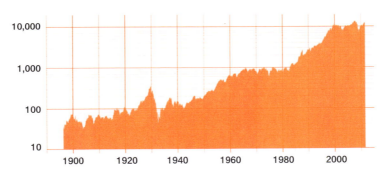

1896 年至 2011 年 7 月的道琼斯工业平均指数走势图

超级计算机"沃森"
智能与意识在处理数据时的区别

处理数据，人类是否会比计算机更厉害？答案很令人担忧，人类基于自己以往的经验进行判断，计算机基于数据库的数据采样得出结果，人类获取经验往往需要皓首穷经，而计算机获得数据库则只需短暂的传输时间。

失业大潮

失业的阴霾弥漫在做简单、重复工作的劳动者心中，也同样在高等劳动者心中埋下了隐隐的担忧。律师，一种基于大量案例文件需找判例、漏洞以及证据进而驳倒对方的职业，似乎并不需要太过担忧自己被取代。可以想象，到未来某一天，计算机搜寻判例的速度已经远远超过了人类律师，又或者采用某种仪器就可以轻便地分析得到关于当事人的是否参与犯罪的证据，那么人类是否还需要律师？

"沃森"的三大优势

万国商业机器公司（IBM）是一家基于大数据的全球性信息技术和业务解决方案公司，2011 年由该公司研制的超级计算机"沃森"在一款电视益智抢答节目中击败了该节目史上两名最强参赛选手，目前"沃森"开始从事医学方面的工作。沃森具有三大人类难以企及的优势：①庞大的数据库，可以做到每日更新最新科研成果，以及搜集各地医疗统计信息；②熟知我们的基因组，以及与我们相关的亲属的基因组、病史等，完全了解患者；③不知疲惫，可以随时随地进行诊断。

有了"沃森"，医生、律师等都没有了就业环境，如果可能的话，就连活在艺术里的福尔摩斯也能感受到深深的恐惧。

备受挤压的就业空间

智能算法的发展不仅抢占了基础劳动者的劳动机会，就连需要复杂智力活动的工作也受到了智能算法的影响。

摩天楼顶上的午餐

1920 年至 1935 年，纽约兴建了一批令世人惊叹的摩天楼。然而，在施工过程中，保护建筑工人的安全措施却不到位。查理斯·艾必兹（Charles Ebbets）拍摄了这些图片，正是为了暴露安全措施的缺失，同时也展现建筑工人的辛苦和极其危险的工作环境。

艺术家根据 Charles Ebbets 拍摄的照片，将机器人也放在楼顶上。人工智能的发展并不一定使人生活得更好，还有可能迫使大部分劳动者下岗，陷入更窘迫的处境。

新版摩天楼顶上的午餐

"沃森"的优势

熟知相关基因组的信息、病史等

完全了解患者

随时更新最新数据

不知疲惫，可以随时诊断

庞大的数据库

不受主观情绪影响

WATSON

拥有医疗功能的超级计算机"沃森"

成本对比

从培养成本上来说，沃森的短期成本绝对超出了培养一个世界一流的医生所需要花费的资金，甚至远远超过。但从长远角度来说，人工智能的投入确实是一本万利的，因为培养出一个人工智能的医生可能意味着培养出了无限个有着同等卓越能力的人工智能医生，但培养人类医生却意味着每次需要投入与第一次培养时消耗的相近的资源。从成本上考虑，人工智能再一次完胜了人类。

开错的处方

如果你觉得医生被替换的可能只会发生在遥远的未来的话，那么药剂师的例子就不得不让人警醒了。2011 年，美国开了一家由机器人担任药剂师的药店，顾客上门之后，机器人药剂师只需要几秒钟的时间就能判断处方、药物以及患者有可能过敏的药物。一年内，机器人药剂师开出了超过 200 万张处方，其中完美实现了零失误，这于人类药剂师来说几乎是一个完不成的任务。

"贴心的"算法

机器总给人一种冷冰冰的感觉，但这真的只是刻板印象。"发烧"的电脑可一点儿也不冷冰冰，不仅在温度上不会冷冰冰，在情感上也能带给人满足与安慰。"沃森"可以根据对象的具体特征以及特定情形下的情绪说出最合时宜的话，它可以调整自己的情绪，说出最符合对象内心期待的话语，说出的话永远能够"扣人心弦，让人感觉相见恨晚"。至少经过简单的对话之后，你会发现它不是"话不投机半句多"，接着你会发现你们越来越谈得来。

该如何看待人工智能

对于人工智能的发展，人类有担忧也有期待。因此产生了多种不同的比喻，来表达人们对这种新的算法的思考与担忧。

远方的火车

十年前人们难以想象今天的社会是什么模样，但几百年前的人类社会在数千年的历史长河中却没有发生过大的变化。纵观人类数千年的技术革命史，技术革命的生命周期变得越来越短，人们现在能听到人工智能如正在起步的火车，轰隆隆，慢悠悠，但等到火车行驶到我们身边时，却忽然刮起一阵大风，我们再也追赶不上。

充满敌意的人工智能

有思想家担心，一旦人工智能拥有超越人类的智能，人工智能不会让人类轻易拆除自己的电源或者破坏自己的系统，它可能率先消灭人类。并且，等到人工智能超越人类智能时，人类将难以控制人工智能。

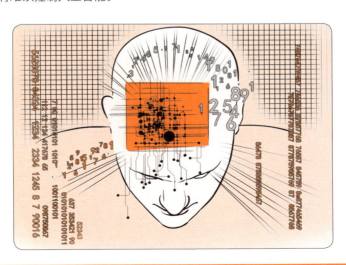

作为类人的机器人
机器人对无用阶级的逐步取代

人工智能正在使越来越多的人变成无用阶级，在中国，失业大潮在"双 11"这一天已初见端倪，不知道哪一天它会汹涌而至？ AI 的存在对我们来说到底是狂欢还是灾难？

机器人的发展

从工业机器人到智能机器人，从生产、科研到与人类交流互动，机器人的形态和功能越来越丰富，它们的发展经历了一个从低级到高级的过程，与人类的关系也越来越紧密。无论是工业生产还是日常生活，机器人都发挥着不可忽视的作用。随着科技的进步，未来机器人的将朝着意识化机器人的方向发展，其语言交流能力、逻辑思维能力、自身复原功能等将愈来愈强大，而且其外貌也越来越像人类。

"混血儿"

库兹韦尔预言，2030 年人类将与人工智能结合变身"混血儿"，2045 年人与机器将深度融合，奇点来临。人的定义也许会被改写，我们所熟知的人作为能制作并使用工具的高级动物，这里的"工具"将会被赋予新的内涵。

人工智能的发展给人类带来了巨大挑战，好在各国都在积极应对这即将到来的变革。中国 15 个国家部委已经合力确立了首批 4 家国家创新平台，分别依托百度、阿里云、腾讯、科大讯飞公司，建设自动驾驶、城市大脑、医疗影像、智能语音 4 家国家新一代人工智能开放创新平台。其他国家也纷纷对人工智能进行战略布局，像美国《国家人工智能研究与发展战略规划》、日本的"人工智能工程表"，人类是否将迎来一种新的文明时代和新的拐点？

机器人进化史大事件

公元1世纪 亚历山大时代的古希腊数学家希罗，发明了以水、空气和蒸汽压力为动力的机械玩具。

1495 年 达·芬奇设计了一种发条骑士，试图让它能够坐直身子、挥动手臂以及移动头部和下巴。

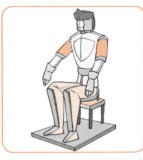

1921 年 捷克剧作家卡尔·恰佩克在名为《罗素姆万能机器人》的戏剧作品中创造了"robot"（机器人）这个名词。

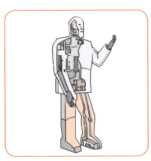

1939 年 美国纽约世博会上展出了西屋电气公司制造的家用机器人 Elektro。

1959 年 德沃尔与美国发明家约瑟夫·英格伯格联手制造出第一台工业机器人。

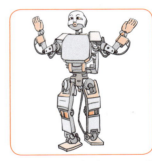

1969 年 日本早稻田大学加藤一郎实验室研发出第一台以双脚走路的机器人。

1999 年 日本索尼公司推出犬型机器人爱宝（AIBO），能够自由地在房间里走动，并且能够对有限的一组命令做出反应。

2000 年 本田汽车公司出品了人形机器人阿西莫，它身高 1.3 米，能以接近人类的姿态走路和奔跑。

2015 年 "最像人的机器人"索菲亚由美国机器人专家大卫·汉森发明，它拥有仿生橡胶皮肤，可以模拟62种面部表情，并能进行简单对话。

全民失业危机

技术革新带来的压力

多余的人能够发挥什么作用？这怕是每次技术革新之后经济学家们首先要解决的重大问题。如何获取增长点？如何安置剩余的劳动力？劳动力剩余的问题已经变得越来越棘手，可怕的是这些问题还在不断加剧。

历次技术革新带来的失业

200多年以前，绝大多数人从事农业劳动。工业革命之后，大机器能够大规模节省农业上对劳动力的消耗，于是经历短暂的失业之后，绝大多数人转向工业和服务业，并且随着再次出现的技术革新，更多的人涌入了服务行业。近年来，农业人口已经只占有很小的比例，工业人口数量也只能居于第二位，占据了第一位的行业是教育、医疗、设计等服务行业。

这种转变也表现在大学毕业生的择业现象上，智能手机、互联网＋等科技产品的迅速扩张带来了更多科技领域方面的就业岗位，越来越多的毕业生选择进入计算机领域。

无意识算法的前途

先前的经验告诉我们，人类总是能找到新的经济增长点，但等到算法掌握记忆、分析和辨识的能力之后，人类是否还能够继续与真正的人工智能抗衡？

认为人类具有某种特殊地位只不过是人类的自说自话，目前在科学上已经难以找到人类拥有非同寻常的地位的证据。生物算法的观点认为每种动物都是各种有机算法的共同作用，算法的运作不受具体的组成物质左右，硅物质的机器算法并不见得比碳物质的算法差。

失业的分类

一个人愿意并有能力为获取报酬而工作，且有获取工作的行动，但却没找到工作，就被认为是失业。

技术性失业

科技进步引发的失业潮。工业革命引发的大量劳动人口的失业，如蒸汽机、织布机、自动化机械手臂、ETC、各式自动化剪票口、未来的自动驾驶汽车等的发明必然带来一部分失业人口。

摩擦性失业

当人们放弃原来的职业再寻找新的工作时短期的失业现象。一些企业未能在短期内找到合适的劳工，而劳工也未能在这段时间找到工作，于是造成短期的失业现象。

结构性失业

市场竞争或生产技术改变造成的失业。由于就业市场并不平衡，某些行业正扩张，另一些行业则衰退，造成部分工人失业。

周期性失业

由于经济中的总需求减少，导致劳动人口过剩，伴随的是经济周期改变，经济步入衰退期一直到低谷，从而出现失业情况。

季节性失业

指社会中某些行业在某些特殊节日或者季节为应对突然增多的业务而聘用员工，之后解聘出现的失业情况。

智能算法打破人类的自恋心态

生命物质已经发展了 40 多亿年，而只发展数百年的智能算法还不足以引起人们真正的担忧。但不可否认的是，人类引以为豪的领地正在被一步步攻占。

智能的"累累硕果"

关于智能算法，我们真的错误地估计了形势。数十年前，人们认为就连婴儿都能轻易做到的辨别人脸电脑是永远难以做到的，但是现在来说，计算机程序可以做得比人类更快更好。通过人脸识别技术，我们设计了很多安保设施，甚至可以通过密集的网络监测出犯罪嫌疑人的活动。过去人们相信机器人绝不会在国际象棋领域打败人类，然而 1996 年 2 月 10 日，与 IBM 的超级计算机——深蓝对弈的国际象棋大师加里·卡斯帕罗夫不幸落败了。之后，一些人工智能公司开发出可以玩游戏的程序，这种面向经典游戏的程序总是能得到很高的分数，有时甚至独自创造出全新的玩法。

失业的球探与司机

2002 年，奥克兰运动家队采用计算机程序挑选适当的低签约价球员，打败了比自己成本高三倍的纽约洋基队，并且成了美国棒球职业大联盟史上第一支 20 连胜的队伍。这种结合了经济学的机器算法为奥克兰运动家队赢得了胜利，之后洋基队与红袜队也采用了相同的做法。同样的事例也发生在需要更多智力劳动的行业。2004 年，研究学者曾发布容易被自动化替代的职业，卡车司机首当其冲，十余年之后就出现了谷歌自动汽车。

无意识算法的里程碑

20 世纪 40 年代，人工智能算法开始起步，此后高潮和低谷不断交替出现，至今许多人对人工智能的前景做出异常乐观的预测，但也有人表现出担忧。

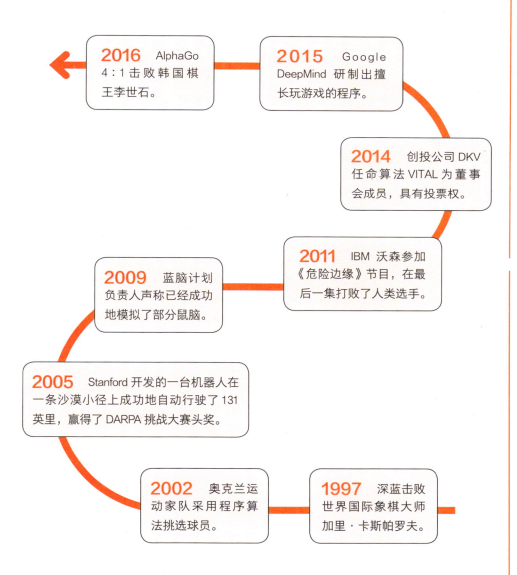

2016 AlphaGo 4:1 击败韩国棋王李世石。

2015 Google DeepMind 研制出擅长玩游戏的程序。

2014 创投公司 DKV 任命算法 VITAL 为董事会成员，具有投票权。

2011 IBM 沃森参加《危险边缘》节目，在最后一集打败了人类选手。

2009 蓝脑计划负责人声称已经成功地模拟了部分鼠脑。

2005 Stanford 开发的一台机器人在一条沙漠小径上成功地自动行驶了 131 英里，赢得了 DARPA 挑战大赛头奖。

2002 奥克兰运动家队采用程序算法挑选球员。

1997 深蓝击败世界国际象棋大师加里·卡斯帕罗夫。

235

事实上，深蓝计算机比 Christopher Strachey 在 1951 年用来下棋的 Ferranti Mark 1 快 1000 万倍，这种剧烈增长可以用摩尔定律描述，人工智能的发展速度将会不断加快。

炙手可热的算法
算法的社会地位

算法可以成为球探、司机、股东等，它们可以做的事已经越来越多，虽说很难相信某天算法会出席某次庭审现场，但这种事情推敲起来也的确不无可能。

互为主体的实体

一旦数百万个人类司机或者工人被算法取代，这些公司能够创造的财富也将会汇聚到极少数的富翁手中，也有可能汇聚在某一算法手中。现今社会我们已经发展到可以接受各种互为主体的实体，比如国家、公司以及组织等，组织整体受到法律的约束，但国家、公司以及组织本身并没有意识。发展到未来某一天，算法可能具有一定的社会地位，或者最终在某一天超越人类。殖民地的人没有一个情愿被奴役，但却顺从了殖民者的皮鞭。

算法房东

股市震荡的例子已经显示出算法在股市上强大的操控力，可以肯定只要算法注意财富积累，就可以在极短的时间里成为最大的财富拥有者。算法将资金用于各种投资，甚至购买房产，让人类为它们支付房租，又或者雇用或操控人类达成自己的目标。

算法会考虑和人类合作的基础在于人类还有价值，有其存在的意义。在算法主导的时代，人类的工作机会可能是非常少的。或许有可能是某种创造性的游戏场景设计，但就目前来说，即使这种所谓的创造性工作也并非人类所独有，有时无意识的算法可能做得更好。

算法获得社会地位

智人发展智能算法是为了服务智人的生活，但算法的卓越能力使得算法在各方面优于人类，人权观念逐渐淡化之后，大部分智人将难以维护自己的社会地位。

受算法支配的人

有经济学家预测，如果人类不变得更强大，迟早会变得一无是处。由于价值降低，一方面大量智人丢失了工作，另一方面一部分智人为满足需求需要听从算法的意愿进行工作。在发生冲突时，算法更有可能将人送上法庭，请求法官裁决。

算法将人类送上法庭

只要算法能够进行正确的运算，事实证明它们精于运算，做证券股票行业的工作它们可以完胜人类。等到算法完成财富积累之后，就可以以钱生钱、进行投资，或者买下房产，然而我们不得不选择住在哪里或者露宿街头。当我们无法支付房租的时候，算法就有可能把我们告上法庭。

做出决策 → 积累财富 → 用于投资 → 法律维权

艺术圣殿的沦陷
算法能够进行艺术创作

虽然并不是所有人都能成为艺术家，艺术常被认为是人类的圣殿，但没有理由确信艺术创作完全不会受到算法的影响。

出专辑的程序——EMI

戴维·柯普是一位音乐教授，写出了能够进行古典乐曲创作的计算机程序 EMI（Experience in Music Intelligence），这让他在古典音乐界颇具争议。EMI 是柯普花费 7 年时间写出来的专门模仿巴赫作曲风格的计算机创作程序，该程序在一天内可以创作出 5000 首巴赫风格的赞美诗。柯普挑选出其中一些作品在音乐节演出之后，反响热烈。不过，当柯普揭开谜底之时，观众则被激怒了。

EMI 不仅擅长创作巴赫风格的作品，甚至连贝多芬、肖邦等大师的风格也能轻松模仿。有人批评 EMI 创作的音乐缺乏灵魂，但这些言论往往是出自那些知道创作者真实身份的观众口中，不明真相的观众总是能够在 EMI 创作的音乐中找到情感与灵魂的共鸣。

爱好很多的程序

在 EMI 的基础上，柯普设计开发出安妮（Annie）。安妮的创作基于机器学习，能够变换多种创作风格，这是连 EMI 也没能掌握的技能。此外安妮爱好广泛，不仅爱好谱写乐曲，而且喜好诗歌创作。2011 年，柯普为安妮出版了诗集——《激情之夜：人与机器合作的 2000 首俳句》。诗集并没确切指出哪些篇幅出自真正的诗人之手，而哪些篇幅是安妮创作的，想分辨出具体诗作的具体作者并非易事。

被大批量抢占的工作机会

在对人工智能的争议中，造成人类大面积失业是最让人忧心的问题之一，然而 20 世纪以来的科技发展的确让很多职业消失，并且这种替代的趋势还将愈演愈烈。

未来 20 年易被自动化的职业

可替代性百分比

数据来源：**牛津大学、德勤**

职业	数值
电话营销员	99
保险业务员	99
运动裁判	98
模特	98
收银员	97
餐馆厨师	97
会计员	94
药剂师	92
零售员	92
导游	91
裁缝	84
公交司机	67
程序员	48
经济学家	43
消防员	17
编辑	5.5
律师	3.5
化学工程师	1.7
小学老师	0.44
外科医生	0.42

工作类型图

职业转型

对此，仍然有许多人持乐观态度，相信科技的发展创造了更多就业岗位。1871 年至 2011 年，英国农业劳动人口占全国人口比例从 6.6% 降至 0.2%，洗衣工、纺织工、冶炼工等都经历了类似的变革，而教育、医疗、金融等专业化服务领域却得到前所未有的发展。高科技领域每产生 1 个工作岗位，就能使当地其他商品服务业等产生 4.3 个就业岗位。

庞大而无用的阶级

对社会零贡献的人群

21 世纪，将产生一个全新、庞大而无用的阶级，这一阶级不能为社会创造任何经济及艺术价值，他们对于社会的正面建设没有任何贡献。

失业压力与职业转型

牛津大学的卡尔·弗瑞与麦克瑞·奥斯本合作研究，在他们的报告《就业的未来》中预估了 2033 年人类惨淡的就业环境。在美国有 47% 的工作可能会被计算机取代，保险业务员及电话销售员最有可能失去原有的工作机会，面临同样风险的还有赛事裁判、收银员、面包师、建筑工人、律师助手等。

就业危机迫使人们不得不做出工作转型，不得不随时更新自己的知识储备，学习新的技能，等到 40 多岁的时候可能不得不面临重大的职业转型。倘若转型不成功，将很难再获得新的工作机会，因为当全面化的智能发展到一定程度，很可能将完全接管知识技能储备需求较低的工作。

价值观的沦陷

人类必须找到比机器算法做得更好的工作，不过这真的已经很难了。庆幸的是，等到机器算法发展起来的时候，即使大多数人什么事都不做，社会也能够养活他们。但当他们什么都不做的时候，他们存在的意义到底是什么？尤其是当无所事事的人类，也即我们整天沉浸在虚拟世界中时，我们的价值又在哪里？自由主义者宣扬的独一无二的自我在成瘾药物与虚拟之中还会继续存在吗？

无条件基本收入

人类劳动由机器取代后，人类该如何生存？无条件基本收入被认为是人类仍然可以享受生产成果的最佳措施。

基本概念

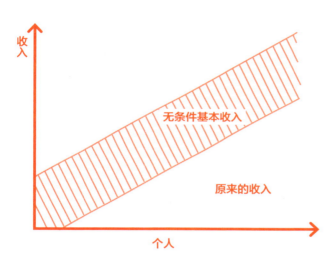

无条件基本收入，简称 UBI ，是在不审查任何条件与资格的情况下，由政府或团体组织定期定额发给全体成员（人民）足以满足基本生活条件的金钱，而不论其收入、工作或财产的有无，只需要是该国的国民或某地区的居民，或某团体组织的成员就足够了。

争议

反对者
无条件基本收入会让人们失去工作的意愿，从而使整个经济衰退。发放基本收入所需的财政经济来源成为问题，结合原有社会福利，会大大增加社会开支。

赞成者
可以帮助人们从劳动中解放，不再需要与基本生活对抗，从而进做真正想做的事，使人类社会更进一步进化发展。有助于平衡资源分配，缩小贫富差距。

个人主义的消亡

自由主义与生命科学针锋相对

人类价值在政治、军事以及经济上的式微已经使自由主义受到了严重的伤害，但现代自然科学对自由主义的伤害则更致命。

自由主义的假设

自由主义不仅相信人的价值，还肯定"个人主义"。但社会更需要的是人类，而非单个的人。自由主义相信个人主义的存在的理论基础在于：①自我是一个不可分割的个体，具备单一的本质，内在存在一个单一的、清晰的自我，也即真正的自我；②真正的自我是完全自由的，不受其他非自我的因素左右，完全按照自己的意愿行事；③任何外人都不能真正地了解自己，因此我们必须对自己的诉求负责，我们知道自己想要什么，不可以让任何人代劳。

生命科学的挑战

生命科学应用生物算法的分析方式对自由主义进行了猛烈的攻击。生命科学的理论认为：①生命是一种算法，人类是由可分割的部分组成的，并不存在单一的自我；②人类的活动受到内在基因的约束，做出的选择并不是所谓内心的真实选择，而是基因和环境压力共同塑造的；③基于以上两种理论，外部算法甚至比我们更清楚我们需要什么，对于我们的具体感觉，算法能做出最好的选择。

人类还可以继续从事艺术创作、科学研究、投资等活动，但这些活动以生命科学的角度来看只是以碳为基础的生物算法的运行罢了。

自由主义与生命科学的对话

自由主义者宣扬人权，赋予个人以权威，崇尚个人主义。而生命科学否定人的权威，消解个人主义，所有人的行为都被认为是算法的作用。

自我是一个不可分割的个体，具备单一的本质，内在存在一个单一的、清晰的自我，也即真正的自我。

反对，生命是一种算法，人类是由可分割的部分组成的，并不存在单一的、不可分割的自我。

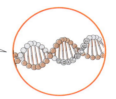

真正的自我是完全自由的，不受其他非自我的因素左右，完全按照自己的意愿行事。

反对，人类的活动受到内在基因的约束，做出的选择并不是所谓内心的真实选择，而是基因和环境压力共同塑造的。

任何外人都不能真正地了解自我，因此我们必须对自己的诉求负责，我们知道自己想要什么，不可以让任何人代劳。

反对，现代科学可以清楚地知道个人的基因序列，外部算法甚至比个人更早知道自己的需求。所有的选择都是算法经过运算后得出的结果。

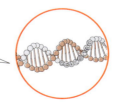

今时不同往日

算法比我们更了解自己

21世纪以前，没有任何外部算法可以清楚有效地监测一个人的动向，甚至先于个人知晓接下来的动作。因此没有任何人能够清楚地了解我们的个人主义有生根发芽的土壤，但生物科学及计算机科学可以更清楚地了解我们。

⑩ 算法更清楚我们的身体状况

科技已经让外部算法有能力比我们更了解自己，算法可以完全掌握我们的生物特征、基因组以及大脑数据，这些是人类此前完全不能达到的。

在医学领域，患者不再是个人，他们的身体或多或少依赖于计算机。耶鲁大学研究人员研制出一种可以由手机操控的人工胰脏，在患者体内植入微小的传感器及胰岛素泵。传感器会时刻监测体内血糖值，将数据传输至手机软件，软件发出指令控制是否释放胰岛素或胰高血糖素。人们不必等到自己感觉不适时再设法干预，因为对于信息的采集，数据算法比生物算法更快、更直接。

⑩ 借助数据认识自我

智能手机的普及以及伴随而来的各种穿戴式智能设备，如智能手环、智能手表以及智能内衣等，无时无刻不记录着我们的身体运动状况，这些数据通过与大数据的对比，为我们提供更好的生活方式建议。一款名为"Deadline"的应用程序，不但可以连接智能设备获取心率、呼吸、睡眠质量、运动情况等信息，还能够根据目前的生活方式，预测一个人未来的寿命。

穿戴式智能设备

穿戴式智能设备是应用穿戴式技术对日常穿戴进行的智能化设计，开发出可以穿戴的设备的总称，如眼镜、手套、手表、服饰及鞋等。

发展历程与前景

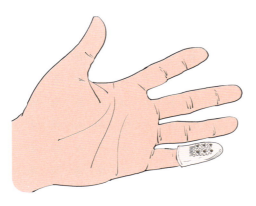

指套探测器

20 世纪 60 年代，出现穿戴式智能设备的思想和雏形；70-80 年代出现穿戴式智能设备，如史蒂夫·曼基于 Apple-II 6502 型计算机研制的可穿戴计算机；1997 年，首次举办国际性可穿戴智能设备学术会议 IEEE ISWC。

目前市场上此类设备多为运动健康品牌的运动监测仪器。可以想见苹果手表或者谷歌眼镜等将有可能成为人体的一部分，在人体中植入芯片，就能够自动进行打电话、发邮件、购物等服务。

相关智能产品

iwatch 苹果智能手表	用户可通过它完成多种工作，包括调整播放清单、查看通话记录和回复短信等。
智能手环	跟踪用户的日常活动、睡眠情况和饮食习惯等，并可将数据与 iOS、Android 设备同步，帮助用户了解和改善自己的健康状况。
谷歌眼镜	可用语音指令拍摄照片、摄制视频，与他人在网上互动，提供 GPS 导航、收发短信、摄影拍照、网页浏览等功能。
BrainLink 智能头箍	能够监测人的脑波，训练大脑的专注力和放松力。
太阳能比基尼	可以通过装配的光伏薄膜带吸收太阳光并将能量转化为电能，然后为智能手机或者其他小型数码产品进行充电。

数据的强大作用
利用数据指导生活

对于身体数据的记录只是数字算法的初级功能，更深层的基因测序则显示出算法更深层次的强大功能。

📶 基因测序与疾病预防

利用基因测序而进行疾病预防的案例莫过于安吉丽娜·朱莉的事例了。朱莉的母亲和外祖母都在较年轻的时候因为乳腺癌而去世，这给朱莉留下了阴影。她进行了基因测序，发现自己的确带有致癌基因 BRCA1，这一基因使得乳腺癌的患病率上升至 87%。2013 年 5 月 14 日，朱莉在《纽约时报》上解释了自己决定切除双乳乳腺的原因。

基因测序、血液评测等都会有助于人类获得更高的生命质量，算法分析出结果，供人采纳。算法为我们提供各种最佳选择，接受这些选择并不会迎来世界末日，不接受才会迎来世界末日。

📶 数据服务与个人隐私

基于对搜索数据的统计结果，谷歌可以比医疗机构更早预测社会上流行病的发生与发展态势。假如对于"感冒""发烧"一类词的搜索比例忽然上涨，可能意味着社会上正酝酿着一次流行性感冒。让算法获取数据有诸多好处，但这也往往会产生另一个问题——隐私被公开。在现实中，每个人都有不愿公开的隐私，这种对于隐私的保护势必会与算法获取数据发生冲突。比如说，我们能否允许某家网络公司获取我们的电子邮件内容，又或者与朋友的私密聊天信息等，这些矛盾都是限制智能算法获取数据的一大障碍。

基因测序

肢体语言是一种较为古老的语言，人们难以进行完美的掩饰。不过潜藏在人体内的基因则在数万年的时间里保持了相对稳定的状态，体征、基因语言在现代科技探索之下则暴露无遗。

测序原理及方法

基因测序技术能锁定个人病变基因，提前预防和治疗。20 世纪 90 年代初，学界开始实行"人类基因组计划"。

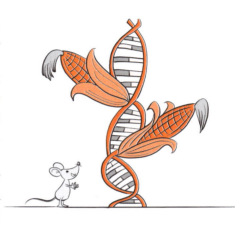

传统的测序利用光学测序技术。用不同颜色的荧光标记四种不同的碱基，然后用激光光源去捕捉荧光信号从而获得待测基因的序列信息。虽然这种检测方法可靠，但是价格不菲。

最新的基因测序仪中，芯片代替了传统激光镜头、荧光染色剂等。这种技术组合能够在短短两小时内获取基因信息，费用也得到了降低。

通过数据预防疾病

产前基因检测

采集孕妇的血 5 毫升，通过化验血液中甲型胎儿蛋白（AFP）、人类绒毛膜促性腺激素（β-hCG）的浓度，就可以算出胎儿患唐氏综合征的概率。

预防癌症

苹果公司创始人乔布斯和影星安吉丽娜·朱莉都曾采用基因测序法，希望抵御癌症。

双刃剑

目前只能确定部分基因位点与疾病的确切关系，不能完全用于临床诊断和指导治疗，含有基因缺陷的人的信息如未能妥善保管，会产生不良影响。

安吉丽娜·朱莉使用基因测序预防疾病

追悔莫及的决定

算法可不会轻易被糊弄

人类做决定时往往容易听信叙事自我的观点，然而叙事自我只能反映部分真相，能真正反映每时每刻的真实情况的是体验自我。但算法却可以完全采取人性化的做法，将叙事自我和体验自我完美地平衡起来。

🎐 民主选举时的过失

进行民主选举时，影响票选结果的最大可能是来自个人叙事自我对整件事情的评估。竞选者可能通过华丽的辞藻搭配巧妙的承诺获得民众的支持。但民众可能在投票后就开始后悔自己做出的决定了。"我怎么把票投给了那个害得我四年中过得那么惨的人？"在看到毫无改善的生活，以及并未兑现的诺言时，又白白慨叹自己亲手把那个不称职的党派送上了政坛，而且一执政就是四年。

🎐 脸谱网的数据评测

算法可不会被轻易糊弄，即使你有再多的"甜言蜜语"，算法依旧能够将你过去所做的事一一统筹在一起，最终得出结论。脸谱网通过研究 86220 名志愿者在网络上的点赞行为来预测志愿者的回答，同时与志愿者身边的人对志愿者的预测进行比较。结果发现，当志愿者的点赞超过 10 次时，脸谱网预测结果的准确程度就会超过志愿者的同事；点赞超过 70 次时，准确程度会高于朋友；超过 300 个赞时，准确程度甚至超过了配偶。

脸谱网对一个人在某些方面了解的程度甚至会超过这个人。脸谱网甚至明白怎样的竞选言论才能够争取到某一地区摇摆的选民。

真正的知己——算法

千金易得，知己难求。人们有时都不清楚自己需要什么，却希望能找到一个真正懂自己的人，不过算法可以完美解决这一问题。

精细的量化评测

当一个女人苦于在两个男人之间做出选择时，算法可以将所有的因素考虑在内，然后给出一个最后的评测。基于对人充分的了解，算法能够为人类提供掏心窝子式的建议，你甚至不用为向别人讲述这些信息而感到尴尬，因为如果被允许的话，算法可以知道你的一切。

对数据的隐忧

在欧洲帝国主义兴盛的时候，殖民地的人将自己的自由、国家与土地贱卖给商人。现在，我们可能做着与被殖民者相似的事情。我们将自己的隐私及其他各种信息提供给网络服务提供商以换取一定的服务，而这些信息可能是 21 世纪及以后最有价值的资源。

个人地址

手持身份证照片

半身照

手持户口本照片

用户注册信息录入

从向导到领主

机器算法为人类提供指导

算法能够掌握远比个人多成千上万倍的数据信息，对于人类社会的具体情况有时比人类更有发言权。我们的日常生活已经难以离开算法，没有算法我们的衣食住行都会受到影响。

规划线路

机器算法成为人类向导已经不再是未来的事，手机中各种导航软件对道路的规划能力丝毫不亚于当地的司机师傅。基于全球定位系统的 GPS 为许多地图软件赋予了神奇的定位能力，Waze、高德地图、谷歌地图等都可以为用户提供良好的定位导航服务。有时你的直觉告诉你该向右拐，但是导航软件却坚持了相反的方向，等到直觉几次失误之后，你可能就完全信服导航软件。

机器人代理

面对塞车现象，导航软件可能会为司机规划行车路线，但有些软件可以整体调配，给一部分车辆规划一种路线，但又为了避免车辆拥堵在新的路线上会为另一些车辆规划其他的新路线。基于对智能软件的信任，我们将行车路线交给了"机器人"。同样，在其他的领域或者工作中，我们也对这些算法充满乐于接受的友好态度。随着人体功能的退化，我们将更多的事交由算法代理，算法代理了人类的思考过程，左右人类的行动。

机器人的更新换代代替了人类最直接的竞争，谁能拥有最新的机器人助理也就意味着拥有更有优势的资源，也更容易在新的竞逐中获胜。

方便快捷的数据服务

　　数据服务为人类带来了诸多好处，通信服务使得人类即使相隔千里，也能够自由交流，GPS定位导航服务方便人们在陌生或者拥堵的地方找到最方便的路线……数据服务于生活的同时，也让人们的依赖程度越来越高。

便捷的导航

　　基于GPS全球定位功能，服务于导航的设备越来越多，服务也越来越好。光是在智能手机上装载一个地图软件或者导航软件，就能获得最新的路况信息，为不熟悉路线的人设计出良好的行车、出行路线，相同的出发地和目的地之间也能根据使用者的不同喜好设计出不同的智能化路线。

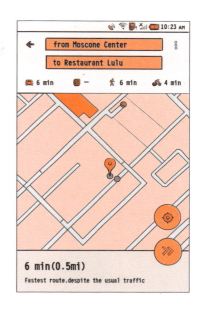

被支配的车辆

　　导航软件为了实现最大化的交通便捷程度，采用更智能的算法为有相同行驶目的的人规划不同的线路，变成了车辆运行，也即人类出行的规划者和操控者。虽然个人有权决定是否出行或者是否接受算法的建议，但判断能力难以与算法比肩的个人却也因为别人使用算法而不得不再次受到算法的支配。

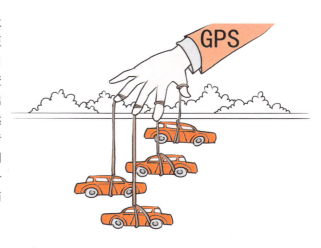

📶 智能化创作

随着机器人代理获得越来越多的授权，人类也将获得更好的体验。微软开发的人工智能个人助理 Cortana（中文名：微软小娜）可以帮助用户挑选礼物，预订餐厅座位等，微软鼓励用户给 Cortana 更多的授权，这样可以让智能助理更加智能。朝着相同方向努力的智能软件还有 Google Now 及 Siri 等。如果给予智能软件更多的授权，算法也可以进行智能化的创作。算法通过搜集个人在看电子书、音乐剧、电影等时的体征数据，清晰地知道你喜欢怎样的剧情，并进行完全符合个人口味的创作。

📶 人机合一

等到人工智能慢慢渗入我们的生活，我们也将变得完全不能离开人工智能了。脱离智能，也就意味着脱离人类。假设医疗设备够发达，虽然目前在人体内植入很少一部分的无机设备，但毫无疑问，医药科技会发达到可以在我们的体内植入更多、更细小、更智能的设备。我们的体内可能遍布了仿生器官及纳米机器人，我们既是生物人也是机械人。不过等到那时新的疾病可能不是爆发在细胞中间，而是爆发在算法系统里。

📶 放弃个性

新科技的发展让人类放弃了个体的独立性及完整性，人类交出握在手中长达数万年的权力之杖。等到生物科学完全宣称人类是一种算法的时候，人类的权威将完全转移到智能算法的一面。同时，由于人类将所有的事情都交给智能算法进行判断，人类也就失去了个性。

新新人类的差别可能更在于智能算法在设置上的差别，又或者在于系统版本的高低了。与其说个人主义的消亡可能来自外部的无情挤压，不如说更有可能来自人类内部，又或者说来自个人内部。

算法之间的较量

因为每个人采取策略及使用算法软件的不同，所以人与人之间的较量最终归结为算法之间的较量。同样地，人类与算法之间的较量最终也需要被归结为算法之间的较量。

您好，我是 Cortana

Cortana 是微软发布的全球第一款能够了解用户的喜好和习惯帮助用户进行日程安排、问题回答等的个人智能助理。它会记录用户的行为和使用习惯，利用云计算、搜索引擎和"非结构化数据"分析，读取和"学习"包括手机中的文本文件、电子邮件、图片、视频等数据，来理解用户的语义和语境，从而实现人机交互。

您好，小娜

永不离线

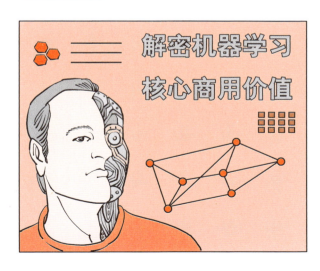

解密机器学习核心商用价值

××炒股软件，低价买入高价卖出，包赚不赔，信息真实有效，用了软件的人都赚了，你还在等什么！

如果看到这样的信息，很多人都普遍不以为然，但算法的确可以做到，即使不能完全做到，但绝对比人类做得好得多。于是，当人们明白实情之后，对这样的软件趋之若鹜，同样的事情也会发生在其他存在竞争的行业。算法已经强大到让人无法离开，倘若离开，就意味着被人群、算法以及时代抛弃。

自由主义面临的第三大威胁
升级后的人类

人类不具有价值及个人不再具有权威是对自由主义的两大威胁，但更真切的威胁来自人与人之间的差距，这些差距在算法盛行的时代将会被放大。

被人为赋予的价值

自由主义赋予每个人的经历以同等的价值，在农场里的独特体验和在高级酒店中的消费体验只有种类的不同，并没有高下之分。所以剧场里的人们既能欣赏《罗密欧与朱丽叶》，也对《悲惨世界》的剧情感动不已。在选举时自由主义只给穷人一票，也同样只给富人一票。自由主义赋予不同的人类体验以相同的价值。每个人不论经历什么，都会有开心与不开心的感受，都在几十年后走向生命的终点，对所有的经历都没有必要苛求。

新特权人群

越来越高级的算法改变了许多东西，就单从人的生物属性来说，人类已经与以往有了本质差别。疾病可以通过基因测序进行防治，身体衰竭的器官可以进行替补，个人智能助理也可以提供更好的服务……但这些服务都是收费的，乳腺切除手术需要大量的资金，安吉丽娜·朱莉支付得起，并不意味着其他人也可以有钱支付。或许等到基因测序高度发达，但仍然有一部分人会比其他人领先一大步，人与人之间在身体及认知上的巨大差距都将显现出来。

技术带来的价值观改变

20世纪，抗生素发明之后迅速普及全球，但在21世纪，医疗上的突破并不见得会让所有人都受益。

同等的价值

基于自由主义创作的《罗密欧与朱丽叶》

自由主义者宣称，即使体验着完全不同的生活，但在生活中都能获得具有同等价值的生命体验，都具有独特的价值。自由主义者把自由看得比平等重要，所以自由主义创作者更愿意将笔墨用来描写贫苦农民以及人们饱受内心折磨的题材。

新特权人群

正如不是所有有乳腺癌隐患的人都能进行基因测序一样，也并不是所有人都能享受到最新的科研成果。2016年年初，全球最富有的62人拥有的财产总值等于全球最贫穷的36亿人所能获得的收入的总和。特权阶层永远比其他人领先几步，到了21世纪中后期，穷人可能会享有比现在先进的医疗设备，但贫富差距会拉得更大。

游戏方式从未改变

超人类与人类的分离

数万年的演化史表明，人类是一种热衷于竞逐的生物。早期智人战胜了自己的兄弟们夺得了对新世界的统治权，而在 21 世纪后期，这种战争还会再次上演。

低劣的医疗条件

智能算法的发展会为人类带来医疗上的突破，但绝大多数人仍旧只能享有低劣的医疗条件。人们的医疗观念已经发生了颠覆性的变化，虽然他们相较于今天可能很好，但平行比较之后，他们有医疗设施，可能比今天没有医疗设施的情况还差。21 世纪以前的医疗目的是让人类恢复健康，是对健康水平线之下的人的一种救助。但在智能算法盛行的时代，医疗的主要作用则是让人类再升级，记忆力更强，智商更高，软件适配性更高等。并不是所有人都能研发出或者支付起这些新装备，但能够配备这些装备的人类将可能转变成超越生死与疾病的超人类，成为神一般的存在。

世纪新议题

新时期国家与国家之间的较量更在于高精尖技术的较量，20 世纪人们忙着克服饥荒、瘟疫与战争，想让人都享有富足、健康与和平，这是人类较量的主要凭据。到了 21 世纪，人们较量的是高精尖的技术以及更优化、更强大的算法，因为在人类竞争中这样更容易让自己占有优势。精英阶层难以照顾平民阶层，也无心照顾，而在这种情形下不知又会产生什么样的新观念来取代自由主义发挥作用。

新旧世界的差别

技术的发展让新旧世纪的世界主题发生了变化，精英阶层关注更多的是获得永生、成为神，精英阶层与平民阶层的差距将会再一次拉大。

比赛的火车

如果把各个国家的发展比作火车的话，日本、韩国等发达国家则像是高铁，而印度、巴西等国家则像是普通特快火车。不发达国家想在新一轮的竞逐中取得优势就很有可能只保留头等车厢继续前进，而将穷人乘坐的低等车厢留在轨道上。

超人类与人类

升级之后的超人类在各个方面优于普通人类，人类创造了超人类阶级，自由主义彻底只存在于历史之中。超人类看待人类的眼光或许与殖民者看待被殖民者的眼光并无二致。

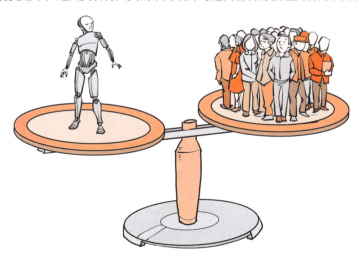

第十三章
科技人文主义的悖论

有限的研究
心智之间的巨大差距

人类第一次认知革命让人类获得了心智改造，能够接触主体之间的领域，统治了地球。而或可发生的第二次认知革命则会帮助人类从神人进化成为整个星系的主人。

✐ 认知革命与智人心智

7万年前，智人对外界的认知以及周围的环境发生了巨大改变，丝毫不起眼儿的非洲猿人凭借认知革命取得了世界的统治权。智人心智提升之后，可以进行合作，建造了城市与帝国，发明了神灵与货币。目前研究发现，这种翻天覆地的变化的内在原因只在于人类基因发生了小小的变化。倘若科技人文主义能够稍微对基因进行修改，就有可能让人类心智再次提升，实现突破。

✐ 极其有限的心智研究

不可否认的是，我们对心智的研究仍旧只是很小的一部分。我们还不够了解心智，不知道它是如何产生的。我们目前的研究也只能做到在一定程度上对人类心理状态调控，距离理解心智如何产生与运作还有很大的一段距离。

✐ 动物对于世界的不同感受

尝试理解动物对世界的感受有助于我们理解心智的巨大潜力。人类依靠光线获得对外界的感知，而大多数动物选择许多别的方式。蝙蝠依靠超声波能够清晰分辨出黑夜中飞虫的精确位置，还需要及时躲避天敌的追击。

心智的巨大潜力

我们对于心智的开发还只局限在一个非常狭小的范围，其他物种拥有对世界的理解以及独有的能力，人类都有可能通过基因工程使自己具备这些超能力。

难以体会的世界

蛇通过空气中的气味辨别猎物的动向，鲸鱼通过自己独特的"歌声"和同伴交流，每一种动物都有自己对世界独特的感知体系，当然也会获得对世界完全不同的认识，这些认识是我们难以真正切实体会到的。

蝙蝠依靠超声波辨别物体与方向

拓宽心智范围

到目前为止，许多心理范围以及认知状态并非人类所必需的。人类在进化道路上丢弃了这些特征，但我们并不能保证这些能力在未来不会成为必需。依靠药物、基因工程、电子头盔以及植入性电子设备，都有可能使人类能力获得突破，达到更高的心智范围。

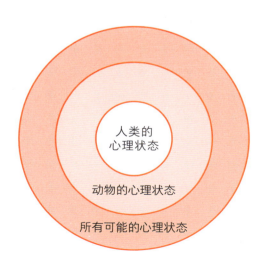

人类的
心理状态

动物的心理状态

所有可能的心理状态

我们可能走上歧途
人类对待心智能力的偏颇

对于不同感官的倚重反映了我们在进化史中对不同功能的重视程度，这也造就了今天的我们。现在我们拥有控制及调节某种天赋的能力，但我们却不清楚哪一种天赋才能更适应未来局势的发展。

嗅觉、注意力以及做梦

远古人类能够通过气味识别出猎物与人类，甚至能辨别人类的情绪。生物算法会同时释放出相互协调的信息，恐惧与快乐时的表情或者气味是不同的，远古人类能够通过气味辨别出人的情绪。但是嗅觉是在人较少的时候才起作用，人增多之后，逻辑、语言以及抽象等变得重要起来，于是我们的侧重点发生了转变。由于人类社群的增大，人类面临的威胁逐渐减少，于是注意力也开始下降。同样地，许多科学家也为我们在很大程度上失去做梦的能力而遗憾不已。

"专注头盔"潜在的弊病

用于军队训练的"专注头盔"反映出人们对未来心智的诉求，升级后的心智更多地被期待用在政治需求及市场能力等方面，人们可以更加果断与专注。

"专注头盔"就像一个不怎么友好的朋友，并不会为我们切身考虑其他顾虑。我们使用头盔次数越多，可能失去对其他事情的考虑能力，变得越专注，同时也可能失去同情心与同理心等。这些杂七杂八想法的丧失就像我们在进化的路上逐渐退化的嗅觉或者注意力一样。或许等到未来某天，人们会惊叹："智人脑袋里竟然有那么多杂七杂八的东西。"

人类降级

到底是进化还是退化？我们不断地适应环境，因为环境而做出改变，一方面我们获得了生存的机会，另一方面我们也失去了许多可以开发的潜能。进化之路的分岔口，我们只能踏上其中一条道路。

单体能力的退化

我们可能觉得尼安德特人智力不足，但事实可能并非如此。生活在野外的尼安德特人时常需要独自面对野兽侵袭或者自行寻找食物，他们的反应能力和攻击能力都高于现代人。考古研究发现他们的脑容量大于我们的祖先，这也意味着他们在智力方面的潜力可能大于现代人。

黑猩猩与蚂蚁

我们改进自己的心智，大脑和身体都有了飞越，甚至可以单手举起是自己体重数倍的物体，可以在天空中自由飞行，这些都是令人憧憬的事情。但也有可能在各方力量的冲击之下，人类失去了自主能力，从一个超级黑猩猩族群变成一个大的蚂蚁群体。

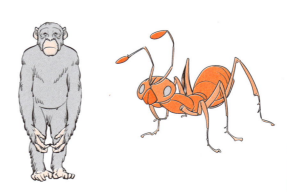

如何聆听内心嘈杂的声音

科技人文主义面临的问题

科技人文主义者认为人的意志是神圣的，人类应该按照自己的期望来发展某种心智能力，这是宇宙有意义的根据。

艰难的抉择

人文主义一方面鼓励人类要学会面对内在嘈杂的声音，另一方面又让人坚持内心最真实的想法。然而，有些时候我们难以确定什么才是自己内心的真实想法，又或者并不太愿意听从内心想法。一位正处于事业上升期的女性职员，内心可能有一种声音告诉自己应该成家生个宝宝，但另一个声音又说应该努力获得职业上的成就。人文主义者认为针对每一种情形都会有不同的解决方案，这也就是人文主义会赋予每个人以无差别的人权的原因。科技人文主义无法给出统一的解决方案，因为每一种都是人内心最真实的想法。

修改意识

科技进步主义不关心我们内在的某种声音具体怎样影响我们的行为，科技进步主义允许我们随意调节内心的各种声音，就像导播间调整各种声音一样，最终输出一个统一的让人满意的声音。现代精神病学认为，我们内心的许多"声音"其实只是生化失衡造成的，解决这些问题最好的办法是消除这些无用的杂音。科技进步主义让人类神圣的意识成了一种可被任意调节、修改的产物，于是我们不得不再次将希望转向新的宗教形式。

科技给人文主义带来的矛盾

在科技发展的冲击之下，人文主义发生了巨大的转变，科技人文主义在一定程度上迎合了科技与人文，但有其内在难以克服的矛盾。科技进步主义则完全抛开了人文主义，完全否定了人文主义的基础假设。

科技人文主义

科技人文主义者认为人的意识是神圣的，希望按照人类的欲望来发展人类的某种心智，最终决定未来人类的心智。倘若人的欲望都可以改变，那么我们又该如何确定自己的欲望呢？科技人文主义难以找到一个合理的标准，因为欲望促使科技发展，又使用科技调控欲望，人文主义最基础的假设被破坏了。

调控意识

科技进步主义允许我们任意调节自己的意识，可以把心里的任意一种声音放大或者减小。如果你感觉焦躁不安，科技进步主义者会建议你吃一颗静心药丸；如果你内心声音嘈杂，最好的做法是戴上头盔，平息一下，让自己变得专注。

调控内心声音

未来医学的发展

人类的福音和对伦理的挑战

随着生物技术的发展，死亡或许极有可能不再是生命的终点，但技术对伦理的挑战是一个无法回避的原则性的议题。

癌症的攻克

随着现代科技和医疗水平的发展，人类的平均寿命越来越长，据统计仅仅在过去的 200 年间人的平均寿命就翻了一番。即使是对人类颇为威胁的癌症，也有望被攻克。著名未来学家、奇点大学校长库兹韦尔预言 20 年后，人类将攻克癌症。他的团队在麻省理工学院花了 8 年找出了癌症的病因——癌症干细胞，他们不断繁殖，繁殖出来的干细胞最终会变成肿瘤。科学家们在查明病因之后，找到了很多可以杀死这种癌细胞的药物，只是对于其种类与比例的掌控还需要加强。

人工智能对医学的影响

人工智能的发展给医学影像识别、生物技术、智能诊疗、药物研发等医疗领域带来了革新。通过人工智能影像技术可以大大降低误诊率和缓解医生阅读数据的压力。更为前沿和需要攻克的领域是机器人医生。机器人医生能够学以致用，通过认知分析技术，凭借从各种渠道搜集的海量数据，迅速给出合适的意见，指导医生做出诊断和治疗方案。

"换头术"对伦理的挑战

2017 年 11 月 17 日，意大利神经学家塞尔焦卡纳韦罗宣布，经过长达约 18 小时的手术，他与中国哈尔滨医科大学的团队成功将一具遗体的头与另一具遗体的头部进行移植。"换头术"的话题再次引起了社会的广泛热议。头颅移植后的人到底是谁，是头颅还是全躯体来认定这个个体，患者康复后生育的"孩子是谁的"等等一系列的问题都是我们需要去面对的伦理学难题。

细胞的癌变

　　什么是癌细胞？正常细胞受到致癌因子的作用，细胞中遗传物质发生变化，就变成不受机体控制的、连续进行分裂的恶性增殖细胞。

　　为什么癌症难以攻克？主要有三个方面的原因，其一，它是"内源性疾病"，即癌细胞是病人身体的一部分；其二，它不是单一性疾病，而是多种疾病的组合；其三是癌症的突变抗药性。

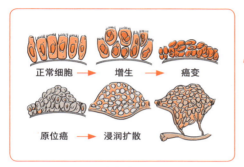

癌变过程

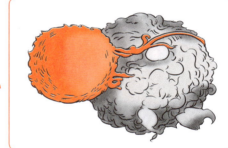

癌细胞的扩散

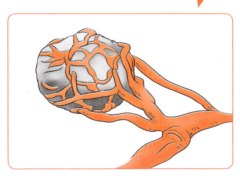

癌细胞

癌症的攻克

机器人医生

　　20 世纪 90 年代，伦敦帝国学院开发了 ACROBOT，即影像辅助型主动机器人，用来做全膝置换手术，2010 年被史赛克公司收购，归入 MAKO 产品旗下。MAKO 是目前最成功的骨科机器人。在未来，智能机器人会取代外科医生吗？

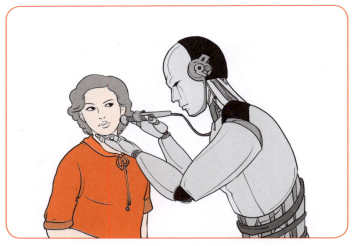

机器人给病人体检

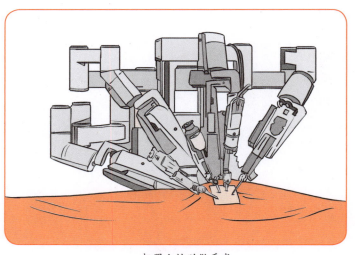

机器人协助做手术

"换头术"真的可行吗？

关于科技与人类的关系，福山早在 2003 年的著作《我们的后人类未来》中就提出过警醒，红线该画在哪儿的问题，应该考虑到将合法行为和禁止行为区分开来，需要能够界定某一领域让管理者可以在其中行使某种程度评判的法令。

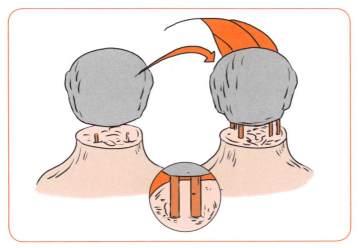

从换头手术的技术原理上说，它需要攻克这样三大难题：头部复杂的解剖结构、来自身体的排斥反应和建立头与身的神经联系，而 2017 年哈尔滨医科大学的任晓平教授所完成的第一例"换头术"，只不过是一例人类头移植外科手术模型。

从伦理学上来说，这是一个能不能做的问题，医生和科学家应该秉持"医学有禁区，科学有红线"的态度。人体身上所有的器官都有其自然存在的功能，这是由物种进化的历史需求所决定的，并不是一种简单的主观建构，它的运行遵循着某种不可言说的秩序，但是人类的种种行动意图打破或挑衅这种秩序。

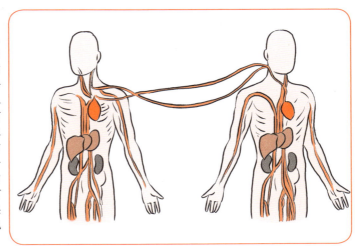

第十四章
从以人为中心到以数据为中心

数据主义的设想
任何现象或实体都是在处理数据

数据主义者认为，宇宙是由数据组成的，任何现象或实体都是数据的处理结果。数据主义者不崇拜神或者人，他们崇拜的是数据。

借助电子算法

数据主义指出的强大数据流量已经远远超出了人类能够处理的范围，人类无法单靠自己将数据转化成信息、知识或者智能，因此把数据交给具有足够处理能力的电子算法才是明智之举。数据主义挑战了人类的知识体系及人类智慧，将人类的权威转移到数据算法的身上。

计算机科学与生物学是数据主义的母学科，二者的结合将数据主义的发展引上了较为顺畅的道路。

不同的处理系统

在数据主义者的眼中，事物之间的差别仅在于处理数据方式的不同。数据处理系统不只是单一的生物，生物集群、菌群落以及人类社会等都是数据处理系统，这种数据规模甚至可以扩大至国家、星球等。证券交易所目前是人类社会中最有效率的数据处理系统，这一系统人人都可参与其中，世界上发生的任何大事件都会对这个处理系统产生影响。

根据这种观点，资本主义自由经济与社会主义计划经济的根本差别并不在于意识形态和政治制度的差别，只在于不同的处理系统对于数据处理所运用的方式不同而已。系统与系统之间存在优劣胜负之分的原因仅仅在于各自对数据处理效果的不同罢了。

数据为王

数据主义者认为将生物算法与电子算法结合在一起，打破了生物与非生物之间的隔阂。数据主义者坚信终有一天电子算法能够解开生物算法的秘密并超越生物算法。

数据流的模式

音乐

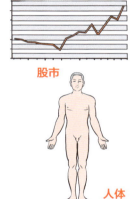

股市

病毒分子

人体

在数据主义者眼中，艺术作品、病毒、股市以及人类等之间的区别都只在于数据流模式的差别而已。只要能够破解数据的秘密，音乐家、经济学家以及生物学家等也能够畅通无阻地交流。

处理模式的胜利

自由主义资本市场和国家调控经济的本质区别在于对数据处理方式的不同，自由主义资本市场采取分散式数据信息处理方式，而国家调控经济则属于集中式处理。20 世纪末，资本主义的胜出原因在于信息发展变化加快，分散式数据处理模式比集中式数据处理模式更高效。

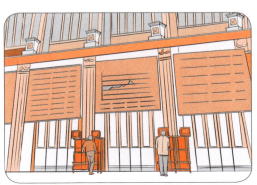

马德里证券交易所所采用的分散式数据处理模式

谁在操纵世界

人类社会的权力真空

民主和专制是两种完全不同的收集信息的方式，民主进行分散式处理，而专制则选择集中式处理。民主和专制的方式在不同的历史时期发挥了不同的作用，20 世纪末兴盛的民主政策可能在 21 世纪被完全淘汰。

政治形势的缓慢节奏

20 世纪，工业发展速度缓慢，政客和选民的意见能够左右科技的发展。工业革命之后，科技发展速度远远超过了政治体制的发展速度，国会和议员都失去了对科技的控制。我们的日常生活与科技、网络等紧密地结合在一起。飞速的科技列车载着我们一路飞驰。

权力到底去了哪里？

政府和非政府组织热议重组互联网的可能性，但目前来说网络对权力的分散"覆水难收"，而且可以肯定的是，像互联网革命这样的技术革命在不久之后还会再来。权力已经从选民的手中被夺走了，这些权力甚至也没有落在既得利益者手中。阴谋论者可能认为权力集中在世界为数不多的几个富豪手中，但这只是一厢情愿的想法。富豪可以轻易赚数亿美元，但却同样对全球变暖、贫富差距束手无策。现在的世界比以前的世界大得多，但人们能看到和掌握的范围却没能发生与之相称的变化。

权力真空

权力真空指一个国家内部缺乏领导人或无人有权限掌控政权，需要指出的是权力真空不一定是无政府，也可指某种管理制度不够完善，而权力无法监督或行使的地方。

权力真空案例

车臣	2004 年，俄罗斯车臣共和国总统艾哈迈德·卡德罗夫在爆炸案中身亡，他身后留下的是权力真空，32 岁的车臣共和国总理代行总统职务。
尼日利亚	尼日利亚总统亚拉杜瓦自 2009 年 11 月 23 日赴沙特医治心包炎以来已 45 天未露面，导致国内权力真空，对尼日利亚产生负面影响。
伊拉克	自从萨达姆政权被推翻以后，伊拉克出现权力真空。
黎巴嫩	总统拉胡德任期满后，由于黎巴嫩经过两个月国会仍无法就下任总统人选达成共识，因此总统一职悬空。
比利时	2010 年比利时大选，各政党之间对国家体制改革存在严重分歧，无法成立新一届联邦政府，国家政治出现权力真空，创下了长达 540 余天无政府的世界纪录。

权力去了哪里

选民普遍认识到自己对时局的无力感，他们摸不清方向。英国选民为了争取权力而脱欧，美国选民为了争取权力支持反体制的唐纳德·特朗普，但当选民按照自己的意愿完成投票后却没有发现自己的主动权有所增加。可悲的事实是，我们意识不到权力到底去了哪里。

不断提高的系统效率
从数据角度看待人类历史

人类社会可以被看成是一个单一的数据处理系统，在人类历史中，社会的不断发展也对应着数据处理系统机能的不断提升。

运算系统如何提升效率

将社会比喻为一个数据处理系统，每个人就像一个小的芯片。想提升生产效率可以有几种做法：①增加芯片处理器的数量能够提高处理系统的效率，这也就是让社会增加人口数量；②增加多种处理器，不同的运算需要不同的处理器，也就是社会上增加不同职业，专职的人员更擅长做专门的事情；③相互联系的处理器往往能发挥更大的作用，因此增加各个城市的人之间的联系也是促进社会繁荣的一种举措。

从算法角度考察人类历史

在 7 万年前人类发展开始的阶段，智人数量增多，能够建立较广泛的联系，这是人类的表亲无法做到的，人类建立的网络产生了高于其他人属物种的生产效率。大约 5000 年前，人类发明了文字和金钱，这让人类之间的联系能够更加顺畅和频繁，人类规模迅速增大。大约 3000 年前，宗教、帝国让人类有意识地想建立涵盖地球的单一网络。500 多年前，探险家、征服者共同编制出世界上的几条联系脉络。再到今天，这种联系已经利用钢筋和水泥变得更加巩固，民主和自由观念兴盛，产生了更先进的互联网。

不相称的数据处理方式

　　按照算法的理论，在 21 世纪以前，世界历史的发展程度都还在一个人类生物算法能够应付的状态，政府能够强有力地运作，人民习惯于和平、健康，但数据主义揭示的未来是人类单靠生物算法难以掌控的世界。

毛驴与工具

　　人类发展历史就像一个人在骑毛驴，开始时可以用胡萝卜吸引毛驴往前走，等到后来毛驴为了食物都恼了，一股脑朝前冲，都将胡萝卜甩在了后面，最后有可能落得一个"人仰驴翻"的结果。

　　人类的算法处理系统已经难以运载算法世界所能产生的数据流，人类必须借助于算法工具来处理这些数据。

人类认知的发展

7 万年前	智人增多，相较于尼安德特人、猛犸象等在数量上取得优势。
5000 年前	发明文字和金钱，人类之间的联系能够更加顺畅和频繁，规模增大。
3000 年前	出现帝国与普世宗教，人类试图建立涵盖地球的单一网络。
500 年前	探险家、征服者以及先驱等为世界探索出了几条联系线路。
21 世纪	交通、信息、经济全球化大发展，全球化的信息处理。

新宗教的殉道士
信息的意志是自由

如果生命是信息流，然而我们又推崇生命，那么生命的信息流就应该流向宇宙更远更深处。万物互联的概念将宇宙万物纳入其中，掌控一切，人类注定只是其中的一分子。

数据主义的信仰

数据主义者劝告人们不该继续太过依赖过时的科技，智人是该被淘汰的，数据算法才是未来。数据主义者矢志于连接越来越多的媒体，好让数据流最大化，把一切都连接系统成为他们的一大使命。如果有某一样东西未能接入网络，数据主义者可能觉得这就是他们的罪。在数据主义者的乌托邦里，街道上的汽车、家里的宠物、空气、树木等万事万物都是可以自动交流的，万物达到了真正的互联。不过那时的交流的预言可能并不像现在这样伴随着声音或者表情符号一样，或许只是一串又一串的字符。

信息自由的殉道士

美国黑客艾伦·施瓦茨是一个坚定的信息自由者，是坚持数据主义的第一个殉道士。2008 年，他曾发表《游击队开放访问宣言》，呼吁全世界信息共享，信息完全自由。26 岁的天才型数据主义者艾伦·施瓦茨成功攻破付费期刊 JSTOR 数据库，将其中的数十万份科学论文下载下来公布在互联网上，以供人人阅读。违反了版权保护法的施瓦茨被捕，他在得知自己可能被定罪入狱后选择为自己的信仰献上生命。

黑客

黑客通常是指对计算机科学、编程和设计方面具有高度理解能力的人。在信息安全里，"黑客"指研究如何智取计算机安全系统的人员。他们利用公共通信网络，如电话系统和互联网，在非正规的情况下登录对方系统，掌握操控权。

被误解的黑客

除了精通编程、精通操作系统的人可以被视作黑客外，对硬件设备创新的工程师通常也被认为是黑客。此外，现在精通网络入侵的人也被看作是黑客。

主流社会一般把黑客看作计算机罪犯。但其实"黑客、骇客"（Hacker）主要是指技术高超的程序员，而"溃客、剑客"（Cracker）才是专指对计算机系统及网络进行恶意破坏的人。

黑客精神

在黑客世界里，各组织的精神与文化虽有不同，但都保有对技术的崇拜与对创新的追求。

推动自由软件运动，发现漏洞并通知协助管理员修补它，从而创造完美无瑕的软件。

部分黑客与组织受雇于政府部门或者被军方招募和培养，被称为"网络间谍"。

更清楚地认识自己

数据自由帮助人类更好地理解自己

超自然产物及神是人类想象力的产物，而人类想象力则是数据的产物。

智人该退休了

当宠物狗进入了社交网络，拥有自己的朋友圈、脸谱网，并且比你的好友数及点赞数还高。啊，真是个不幸的消息，但却完全可能。数据主义者并不反对人文主义也不对人类怀有敌意，只是我们的个人价值在数据主义的世界里并没有多大价值。智人从数万年前的非洲大草原进化而来，蕴藏其中的算法并不一定能应付得了 21 世纪及以后世界对算法的需求，智人这一套算法已经到了不得不退出的时代。

认识方式的变迁

很久之前，人们为了证明自己是神圣的，于是创造出神灵造人的故事，人被赋予各种不同的内在自我。一个人想认识自我，就可以通过冥想、欣赏美景，又或者读诗来洞见自己内心的想法。现代科学的研究成果告诉我们，也许并不存在真实的自我，有时就连所谓内心真正的声音其实都是混乱不堪的，想认识自己，更明确、更实用的做法是进行一次基因测序或者佩戴生物统计装置，这些东西能够通过量化的方式让人类更清楚地认识自己。

智人与数据

你所推崇备至的体验，不过只是一次过时的生物运算。在智人与算法无法并驾齐驱的时候，智人或许除了隐退，也没有别的可行的好方法了。

无法看穿的爱？

在许多好莱坞大片中从来不乏男女主角在面对外星人入侵或者人工智能来袭时，通过爱情的神秘力量扭转局势、反败为胜的桥段。人类不得不感谢高超的算法难以看穿地球生物扑朔迷离的激素效应。可惜的是，这种想法甚至比认为机器人不能下国际象棋还天真。

智人的陨落

18世纪人文主义将神拉下神坛，建立了以人为中心的观念，21世纪同样的情况发生在人类身上。人类难以再在数据世界占据重要的地位，而数据处在世界的中心。智人被数据从神坛拽了下来。

数据永生

数据的未来会怎样

即使数据主义发展有困难，但也不可阻止地会接管未来世界，生活在其中的一切人都信奉数据主义，发挥自己的价值。

对数据主义的质疑与批评

尽管我们已经享受了很多来自数据主义的便利，但数据主义仍然有许多令人担忧的方面。首先来说，生物是否能真的等同于算法，生命是否真的只是做各种决策，我们在研究过程中有没有遗漏什么重要的方面。此外，数据主义接管地球之后，人类会发生什么事，数据主义对待人类会不会像人类对待其他动物那样。如果人类不能再发挥作用，就躲不开惨遭灭绝的命运。

难以预知的未来

我们无法真正预测未来，即使相同的科技也会带来不同的发展结果，火车、电力、电话等科技可能催生出新的社会发展状态，也有可能催生出法西斯政权。人工智能和生物科技能够改变世界，但这不是问题的关键，重要的是未来世界会是什么样子，我们真的难以做出预测。数据主义可能一开始像人文主义一样追求健康、和平和幸福，但等到发展起来之后会更在乎系统效率，人类可能只相当于一种可替换的芯片。

我们的未来何在

　　作为高尖科技，人工智能被渲染了相当神秘的色彩。人工智能及数字算法将会是下一个 20 年颠覆人类社会的技术，它的力量将堪比电与互联网。

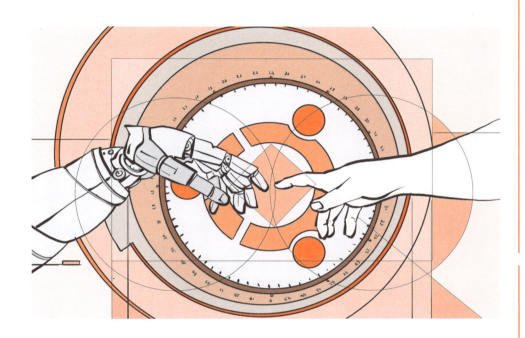

　　　　霍金曾发警告称人工智能可能通过核战争或生物战争摧毁人类，大多数人也对人工智能怀有一种深深的担忧。

　　　　自由与意识是否还会继续有意义？人工智能会发展到怎样的程度？智能与意识到底哪个才更接近事物本质？我们真的会过度依赖智能，一无是处，就此退出历史舞台吗……